JN156699

# 大丈夫、働けます。

成澤俊輔

ポプラ社

# はじめに

はじめまして。成澤俊輔《なりさわしゅんすけ》と申します。
今日、この本を手に取ってくださった方に
僕がいちばんお伝えしたいことは、たった3文字です。

**大丈夫。**

シンプルだけど深い言葉。
受けとった人が笑顔になる言葉。
僕は大好きです。

そして、これは僕が公私で
最も口に出している言葉でもあります。

今の日本には、**さまざまな違い**をもった人たちがいますね。

空気が読めない。
人間関係が苦手。
笑顔がつくれない。
電車移動ができない。
パソコンができない。
うつ病で会社をやめてしまった。
引きこもりだ。
シングルマザーだ。
身体や精神に障がいがある。
薬物やアルコール依存の経験がある。
警察のお世話になったことがある。
自分に何ができるかわからない。

**大丈夫です。**

どんな人にも必ずその人に合った仕事があります。
誰でも絶対に社会の中で、あたり前に働くことができます。

実際、僕たちは、働きたくても働けないという人が、
テレビドラマでよく見るようなオフィスワーク系の職場で、
あるいは、その人らしい働き方ができる場所で、
いきいきと働くようになるのを、これまで数多く見届けてきました。

僕は今日も〝就労困難者支援〟の専門家として全国を飛びまわっています。
そこに特化したNPO法人を率い、16名のスタッフと汗をかいています。

「ほんとうに誰でも就職できるの？」

こう思われる方もいらっしゃるでしょう。

僕のチームは誰に対しても全力を尽くします。
家族と同じくらい、いや、それ以上に寄り添っているつもりです。

が、これだけは、本人の中になければお手伝いできません。
それは、**「つながりたい」という強い気持ち**です。

でも、それも大丈夫。
7年間引きこもっていたあと、僕らのところへ来てくれた人に、
僕はこう聞いたことがあります。

「引きこもっている間、何がいちばんつらかった?」と。
「となりから聞こえてきた家族の笑い声や会話」だと、彼はいいました。

そう、誰もが〝つながりたい〟と、心のどこかでは思っている。
僕は、そう信じています。

働きたくても、思うように働けないという方は、
今、日本に3000万人以上いるといわれています。

一方で、一昔前にくらべたら、日本の社会は確実に
就労困難者にとってやさしいものになってきているとも思います。

ゆっくりとですが、精神疾患への理解も深まっているし、
転職を重ねても、ヘンな目で見られることは少なくなりました。

だから、今がチャンスです。

**個人も、企業も、社会全体も、変わるチャンス**です。

この本が、ひとつのきっかけとなって、
ご家族や本人が、仕事に就くためのアクションを起こしてくれたら、
それ以上の幸せは、僕にはありません。

ただ「なんだか出かけたくなった」。
こう思ってもらえるだけでもいいんです。

それから、この本が、企業にとっても
話し合いのスタートになることを願っています。
「うちにも障がいのある人を仲間に迎えよう」
「社員が強みや特技を活かせる会社にしよう」など、
少しでも議論のきっかけになれたら、ほんとうにうれしいです。

就労困難者にとって真にやさしい社会の到来は、
各企業のアクションにかかっています。

そして、そんな社会は、誰にとってもやさしい社会です。

ん？　どうしていいかわからない？

**大丈夫**。

この本では、実際に就労困難だった人たちと、
彼らを受け入れた会社、そして
それをお手伝いした僕たちの仕事をご紹介していきます。

理想論ではなく、ただの夢でもなく、
あくまで**事実と実践に基づいています**。

さあ、お話を始めましょう！

大丈夫、働けます。　もくじ

## 2章 〝人〟と〝仕事〟をつなげたい 就労困難者のリアル 091



## 3章 ちょっと変わった僕の生い立ち 仕事の原点 117

## 4章 強みは、ひとつあればいい 就労支援の手法〈FDAの場合〉 155

Wording & Branding by
村尾隆介

Book design
木庭貴信+オクターヴ

Illustration
石山さやか

1章

# それぞれの再出発

## 就労して人生が変わった人たち

成澤俊輔です。
僕はだんだんと視力を失う網膜色素《もうまくしきそ》変性症《へんせいしょう》で、
勝手に〝世界一明るい視覚障がい者〟と名乗っています。
今は光だけボヤッと感じられるくらいの視力です。

FDA《エフディーエー》というNPO法人の理事長をしています。
これは「フューチャー・ドリーム・アチーブメント」の略で、
名前の通り、大事にしているのは「将来の夢の達成」。
仕事内容は、就労困難者の就職のお手伝いです。
具体的には、一緒に〝強み探し〟をしたり、
仕事や社会生活のトレーニング、企業での実習をサポートします。

では、さっそく夢に一歩近づいた仲間たちをご紹介していきますね。

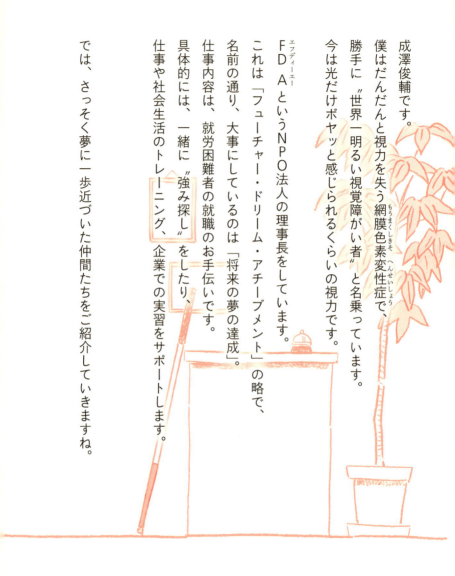

仲間その1

# 夢の会社に入って
# 1年後、
# 引きこもりに

## 舘《たて》山《やま》晶《あき》さん

Apaman Property 株式会社勤務
（40代女性／精神疾患／大企業勤務から引きこもりを経て現在）

ピッ
毎朝これをやるのが嬉しいんです
そう語る舘山さん
だが、ここに至るまでには長い道のりがあった——
舘山晶
舘山さんは有名女子大出身

文学部で
学び、
バスケ
サークルも
存分に楽しみ、
無事卒業
社会人デビューは
大手飲料メーカーの
子会社から
主な業務は広報。
華のあるキャリアの
スタート、
まさに順風満帆
でも、
今から思えば
社会に出たての
私は社会人になる
心の準備が
できてなかったんだと思います
山梨県に
配属になり
住み慣れた
東京を離れて
初めての
一人暮らし
現場では
工場見学の
ツアーガイドを
任せられ
4月から最初の
ゴールデン
ウィークまで
ありえないほど
たくさんの人を
案内

このビールはどのくらい熟成されてるんですか？
ええっと確か…
舘山さん次の団体様来てるよ！
は、はい！
あ〜疲れた…でも明日の準備しなきゃ…
そして夏に差しかかるころ…
う〜ん…
ピピピピピピピピ
食欲もない
ねえ聞いてる？
舘山さん大丈夫？
ボーッ
あれっもう8時!?ヤバい!!
えっ？あ、すいませんもう一度お願いします…
「人と話していても頭がボーッとしてしまうことが日に日に増えていったんです」
こんなの初めてだ…どうしよう…
あ、お母さん？久しぶり…実は…

つらくて…
体調もヘンで…
もうダメかも…
!?
たまたま周囲に
同じ症状の人がいた
両親はピンときたという
それって
マズいんじゃない?
帰ってきなさい!
…!
うん…!!
僕の経験では、
人は慣れないことが
3つ重なると
それまで
築いてきたものが
ガラガラと崩れていく
傾向にあります
舘山さんの場合は
〈社会人デビュー〉
〈地方への引っ越し〉
〈一人暮らし〉
の3つが
考えられます。
これって誰にでも
起こり得ることなんです
さみしい…
舘山さんは
休職と復帰を
何度かくり返した
ものの精神状態は
安定せず、
やっぱ
ムリ…
いける!!
引きこもりの
状態に
心療内科を
受診したところ
「うつ病」と
診断される
わたし…
「うつ病」
なんだ…

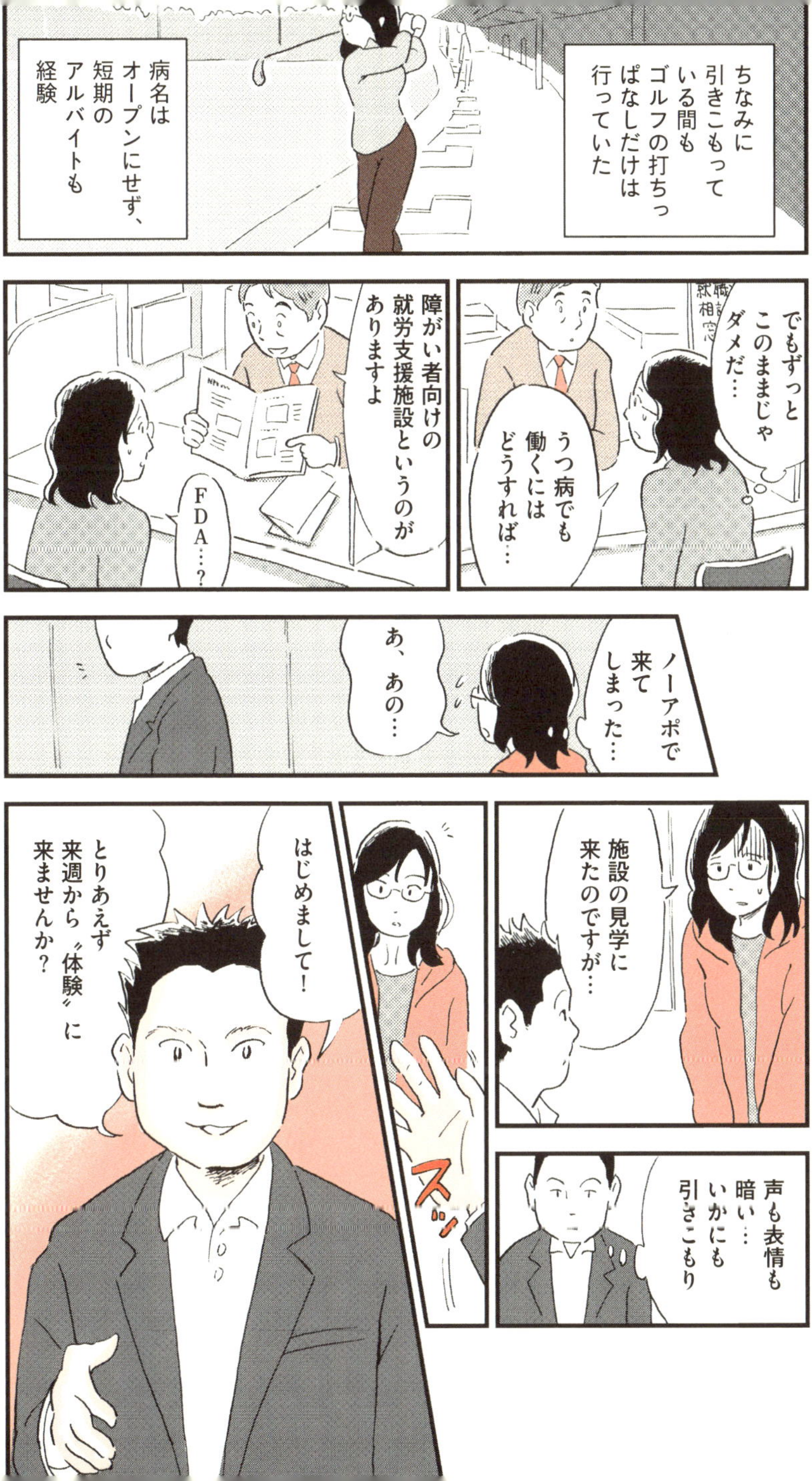

ちなみに引きこもっている間もゴルフの打ちっぱなしだけは行っていた
病名はオープンにせず、短期のアルバイトも経験
でもずっとこのままじゃダメだ…
うつ病でも働くにはどうすれば…
障がい者向けの就労支援施設というのがありますよ
FDA…?
ノーアポで来てしまった…
あ、あの…
施設の見学に来たのですが…
声も表情も暗い…いかにも引きこもり
スッ
はじめまして!
とりあえず来週から〝体験〟に来ませんか?

## 勤務日数を増やし、今ではフル出勤

Apaman Property 株式会社は、舘山さんが社会人としてリスタートを切った会社です。勤務日数をだんだんと延ばしていき、今も時折欠勤することはあるものの、原則週5日のフルタイム勤務で、社会人生活をエンジョイできるまでに回復しました。

「週5日も会社で働くところまで戻るなんて、ハードル高いと思いました。再就職する直前も体調悪かったし、モヤモヤ感もあったし……」

そのモヤモヤを晴らすために、たしかに時間は要しました。

でも、歩みを止めず、あきらめず、ＦＤＡでのトレーニングと実習を重ねて、無事に復帰を果たしました。

「今は『やったー！ここまで来たんだ』という気持ちでいっぱい。OLみたいに働けて幸せです」

いやいや、「みたい」じゃなくて、あなたはリアルに立派なOLです（笑）。

上場企業グループの営業事務に再就職できたことを、本人以上に喜んでくれているのが、引きこもり時代を知っている精神科のドクターだそう。

「支えてくれる人を喜ばせたい」

そんな気持ちも、再就職の大きな原動力になったとか。

これは、就労困難な状態を脱した何人もから、共通して聞いた言葉です。

## 「合わなければ、一日で辞めてもいいんだよ」

APAMAN株式会社社長室室長の堀巌太《ほりげんた》さんは、舘山さんを迎えたチームの上司の立場で、状況をこんなふうに語ってくれました。

「自分にできること、できないことを舘山さん自身がよく理解していることが、チームとしての仕事を円滑にしています。事前にそのことについて話し合って、理解を深める時間を取ったことが、お互いにとってよかったなと、今振り返って感じています」

「自分にできることと、できないことを見極める」。これは、僕たちＦＤＡが特に力を入れて取り組んでいることです。堀さんはまさにそこを指摘してくれました。

身体や心の調子を崩して、一度は仕事をやめてしまった人でも、または障がいのある人でも、一般企業で働くことは絶対にできます。

それを実現する上で、極めて大事なことが、**「できること、できないことの見極め」と、「働く仲間どうしの相互理解」**です。

だから僕たちは、舘山さんのようなＦＤＡ利用者と、受け入れ先の企業（パートナー企業と呼んでいます）と、ＦＤＡスタッフの三者で面談をくり返し、そこを深掘りして、しっかり共有していきます。

実は、Apaman Propertyは、舘山さんにとって2か所目の実習先でした。舘山さんには「文章を書くのが得意」という強みもあったので、最初の実習先は出版系の会社を一緒に選びました。

が、働き始めて2～3か月後、舘山さんは体調を崩してしまいました。その職場では商品カタログの制作をしており、毎日締め切りに追われているような環境で、その慌しい雰囲気が合わなかったのが原因です。

そこで、その会社での実習は切り上げてもらい、2か所目の実習先としてApaman Propertyに行ってもらいました。ここは相性がよく、そのまま就職したというのが舘山さんのストーリーです。

自分が思う〝好き〟や〝得意〟を優先して仕事を選んでも、実際に勤めてみると合わないことは多々あります。だから、**焦らないで大丈夫**。

自分にできること、できないことと、会社との相性をゆっくり見極めていけばいいんです。

僕は、利用者を実習先に送り出すときには、いつもこう伝えます。

「もしも職場が合わなかったら、一日で辞めていいからね」と。

## 〝今の自分の状態〟を認めると、頑張れる

もともと舘山さんは、夢を叶えるかたちで、新卒で大きな会社に就職。
ところが、入社から約半年ほどで、やむをえず退職を選びました。
もちろん、悩みに悩んだあげくの決断です。
辞めたあとは、都内の実家に戻り、引きこもりました。

「新卒の会社を辞めたあと、約17年間は病気の再発がありながらも、社員やバイトとして数社を転々としながら働いていました。でも、4年ほど仕事が続かなくなってしまったことがあり、このままではいけないと思ったんです。とりあえず市役所へ行って、そこでもらった冊子の中で、ＦＤＡの存在を知りました」

最初にFDAを訪ねてくれた翌週から〝体験〟という名目で来てもらい、再就職に向けたトレーニングを少しずつ開始してもらいました。

こんなふうに、相談に来てくれた人に、**何はともあれ「体験に来てもらう」**ということを、僕たちは勧めています。「そのうち」とか「気が向いたら」とか「お盆が過ぎたころから」なんて開始時期を曖昧《あいまい》にしてしまうと、せっかくアクションを起こしてくれたのに、引きこもりから脱するチャンスをみすみす逃すことになってしまうからです。

舘山さんは、当時を振り返って、こういいます。

「私がFDAと出逢っていちばん変わったことは、『自分は障がいをもつ身なんだ』と認めて生活できるようになったことです。それまでは普通のフリをしていたんですが、今は〝今の自分の状態〟で、どう頑張ればいいのかを前向きに考えられるようになりました」

もしまた体調不良に陥ったとしても、**そんな自分をまずは受け入れる**こと。

会社もそれを理解して、**「休んでいいよ」といってくれる**こと。

そこも見すえて、再就職先を探し、事情を伝えて、ていねいにつなげるのが僕たち

ＦＤＡのやり方です。

先日、舘山さんがＦＤＡスタッフに毎日送ってくれる報告メールの中に、さり気なく、こんな一文がありました。

「ひとり700円までランチおごります」

その言葉に、僕らはクスッと笑わされました（笑）。

仲間その2

# 発達障がい
# だからこその
# 集中力を活かして

石《いし》塚《づか》弘《ひろ》基《き》さん

株式会社ユニバーサルホーム勤務
（20代男性／発達障がい）

……
モゾモゾ
ソワソワ
キョロキョロ
ガタッ
いや…
スタッ
やっぱムリだ〜〜〜〜!!
あっおい石塚!!
ダッ
ただいま〜!!
石塚さんの診断名は「強迫神経症」
やった〜!!
バッターホームラン!!
特定の野球選手の試合結果や評判が過剰に気になり、学校生活もままならない状態だった
○○、通算○本目のホームランです!

父の仕事の関係で
アメリカで過ごした
小学校時代に
発達障がいの疑いを
指摘され
さらに
中学時代には
軽度のＡＤＨＤ
との診断
高校時代は
毎月通院し
服薬もしていた
なんとか大学は
卒業したものの
体調もすぐれず
就職活動はせずに
知人のツテで週３日
程度のバイトを
続けることに
ソワ
ソワ
うず…
カチャ
セ・リーグ
○○選手
今季も好調
通算△△安打
ホーッ

オイ
はっハイ
作業中はケータイ持つな!!
はぁ…
オレ…いつまでこんな感じなんだろ…
バイトとかじゃなく…安心して長く働きたいな…
ここがFDA…
石塚さんはじめまして!!
は…はじめまして…
ブンブン
早くここに来てくれてよかった!!
25歳のころ、親戚の紹介でFDAに通うことに

コミュニケーションが苦手で根気がなく
う〜 もうヤダ!!
マルチタスクが苦手な石塚さん
きのうお願いした作業終わった?
先週の件だけど
あ
えと
あ
わたしの名前は…
石塚……
自己紹介、ディスカッション、ワードやエクセルのトレーニングを重ねていく
いろいろやってるけど…
ほんとに役に立つのかなー…
カチ
カチ…
石塚さん、
石塚さん!!
石・塚・さん!!
すごい集中力だね!
あっすいません気がつかなくて…

いやいや、
一度やり始めたら
集中して取り組める、
これは君の強みだよ！
自己紹介では
この強みを
アピールして
いこう！
オレにも
〝強み〟って
あったんだ…‼
その後、石塚さんは強みを買われ
住宅メーカーのユニバーサルホームに
就職
任されたのは
ワードやエクセルの
業務
トレーニングで
学んだことの
延長線だ！
自信を持って
取り組んでいる

# 母にギリギリ伝えられなかった「就職できたよ」の報告

石塚さんのお母さんが亡くなられたのは、石塚さんがFDAから住宅メーカーのユニバーサルホームへトレーニングに出向いている期間中のことでした。

発達障がいで、複数のことを同時に行う〝マルチタスク〟が大の苦手だったのですが、強みであった集中力を活かした働き方を身につけ、ユニバーサルホームでの契約社員としての採用がほぼ確実になった矢先のことでした。

お母さんが聞いたら、さぞ喜んでくれただろうに……。わずかの時間差が残念でなりません。

でも立派なのは、石塚さんの勤怠が、お母さんの他界後も一切崩れなかったことです。

「就職が決まったときは『一人前とはいえないけど、これでやっと自立できたんだ』と考えました。ここから先、まだまだいろいろあると思います。でも、母のことを思えば、やっていくしかないという気持ちです」

ＦＤＡにはじめて来たときとは比べものにならないほど強くなった石塚さん。たくましく、そして頼もしいです。

## ＦＤＡで磨いた〝強み〟をすぐに活かせてビックリ

石塚さんは、僕たちＦＤＡの施設を「安心感のある居場所」といってくれます。

「それと『自分を出せる場所』です。カリキュラムの一環として行われるディスカッションでも、自分の意見をいえるようになって、コミュニケーションに自信がついたことは大きかったです」

そう。石塚さんは、もともと人づきあいやコミュニケーションが苦手でした。

アメリカで過ごした小学校時代から発達障がいの疑いがあり、中学時代に軽度のADHDと診断され、高校時代の3年間は毎月通院し服薬もしていたそうです。

某大学の国際学部を半年留年して卒業しましたが、部活の人間関係がうまくいかず、トラブルになったこともありました。また、同じころから特定の野球選手の試合結果や評判が過剰に気になってしまい、病院を訪れたところ、強迫神経症と診断されました。

そんな彼が、FDAでは自分の意見を安心していうことができ、コミュニケーション力がついたと感じてくれたことは、僕たちにとっても自信になりました。

FDAには、**施設内で行うトレーニング**と、提携する**パートナー企業に出向いてやってもらうトレーニング**があります。前者を社内トレーニング、後者を社外トレーニングと呼んでいます。

その種類は、手を動かす単純作業から、パソコンを扱うようなものまでと幅広いです。どちらにせよ、トレーニング中はFDAから利用者に「工賃」が支払われます。

石塚さんには、その集中力がきっと活かせると考えて、パソコンを使ったワードやエクセルの実践的なトレーニングをしてもらいました。結果、実習に行ったユニバーサルホームでそのスキルを認められて、就職につながりました。

日本には多くの就労支援施設がありますが、このようにパソコンを使ったり、ＩＴ関連企業に出向いたりというトレーニングがあるところはそれほど多くないので、これはＦＤＡの特徴といえるかもしれません。

## 〝仕事を切り出す〟という発想で、誰でも絶対働ける

ＦＤＡがユニークなのは、そのトレーニング内容だけではありません。

実習先で働き始める前後に行っている取り組みも特徴的です。

石塚さんもそうですが、ＦＤＡのメンバーは、障がいや、症状の度合いによって、それぞれできることと、できないことに違いがあります。

なので、僕たちは受け入れ先のパートナー企業と面談を重ね、就職するメンバーの**「できること」に合わせ、仕事をつくってもらいます**。

こういうと、何か〝おまけ的な仕事〟をつくって、それを「端っこでやってて」という

ようなシチュエーションを想像されそうですが、違います。

あくまで彼らがプロフェッショナルとして行う仕事であり、職場の誰もが「戦力になっている」と思えるような仕事です。それを一緒に開発するのです。

その人の能力に合わせて仕事をつくることを、ＦＤＡでは**「仕事の切り出し」**と呼んでいます。

石塚さんは、すでに触れた通り、マルチタスクが苦手です。やらなければいけないことが複数重なると、優先順位をつけることが難しく、仕事の抜けや漏れが多くなります。

でも、彼はひとつのことに対する集中力がハンパないんです。その体力と、抜けや漏れのなさ、徹底的なプロ意識と姿勢……それは並はずれたスキルだと僕は思っています。

そもそも、彼のどこを見てその能力に気づいたか？

実は、「特定の野球選手が気になり、すべての試合結果や情報をネットでチェックしなければ気が済まない」という彼の習性というか、クセのようなものにポジティブな意味で着目したのです。

これ、趣味みたいな話ではなく、捜査レベルです（笑）。

この能力に合わせて企業側が仕事を切り出し、とことん力を発揮してもらえればいいと考えました。彼もハッピーだし、企業もハッピー。

それでこそ、ほんとうの意味で〝戦力〟になります。

そんな石塚さんに僕らで切り出した仕事は、**「インターネット上のパトロール業務」**でした。

こんな時代です。企業のさまざまな口コミ情報が、日々ネット上で交わされています。それらに無頓着な企業は多いですし、動くとすればたいてい、問題が起きてからでしょう。

ユニバーサルホームはそこへ先手を打つ形で、常時インターネット上をパトロールする仕事をつくりました。石塚さんに任されたのは、特に求人に関する口コミのパトロールです。

石塚さんにとっては、得意なパソコンを毎日駆使できるし、海外での生活経験を活かして英語の情報もチェックできる。その業務が仕事全体の軸となって、ほかの業務にも安定して励むことができています。

ユニバーサルホームでも、彼のおかげで今まで手がまわらなかった仕事に取り組めるようになったと喜んでくださっています。

現在は週4日の勤務ですが、5日に延ばすことを目標に頑張っているところです。

# 愛されキャラだからこその禁止令⁉

大学時代はなんとなく体調不良の日が続き、卒業するのもやっとだったという石塚さん。卒業後は知人のツテで週3日程度のバイトをして暮らしていたそうです。

その後、将来のために安定した職に就きたいとFDAに通うようになり、約3年間の社内トレーニングや、社外トレーニング、実習期間を経て、晴れて社員となりました。職歴はほぼゼロに等しかったことを考えたら、見事な成果です。

今の職場では愛されキャラのようで、デスク上に「鼻歌禁止」と書かれたPOPが立っているとか。聞けば同僚に提案され、石塚さん本人がつくったのだそうです。

たしかに、FDA時代も彼はひとりごとや鼻歌が、ついつい出ていました。

それを一緒に働く仲間が、「鼻歌禁止って書いておきなよ」というふうに本人に伝えてくれたのだとしたら、とってもいいことだなと僕は思います。

職場のコミュニケーションがこうして石塚さんを中心に生まれることは、普段の営業トークや、社内の情報伝達にも必ずプラスになっているだろうと思います。社員のやさしさや気配り力も、石塚さんというユニークな社員と触れることによって、磨かれていくのではないでしょうか。

その鼻歌ともひとりごとともつかないつぶやきはいったい何なの？　と本人に聞いてみたことがあります。

「会社にかかってくる電話を取るための練習です」

と、いたって真面目な言葉が返ってきました。

彼が一生懸命役立とうとしているのが伝わってきました。

きっと、周囲にもそれが伝わって、愛されているんだろうなと思います。

仲間その3

# 難病をオープンにしたら、止まっていた時計が動きだした

## 野《の》崎《ざき》陽《よう》子《こ》さん

社会福祉法人 合掌苑勤務
(40代女性／難病)

カチ
カチャカチ
カチッ
カチ
カチ
野崎さーん
あ
はーい
彼女は光に弱く、とても疲れやすい難病と高校卒業直後からずっと付き合っている
これまでは持病を隠して派遣に登録、事務仕事を転々としてきた
この請求書見てもらえる?
はい!
体調どう?休憩したら?
まだ大丈夫ですー
今は、人生で初めて病気をカミングアウトして働くことができている

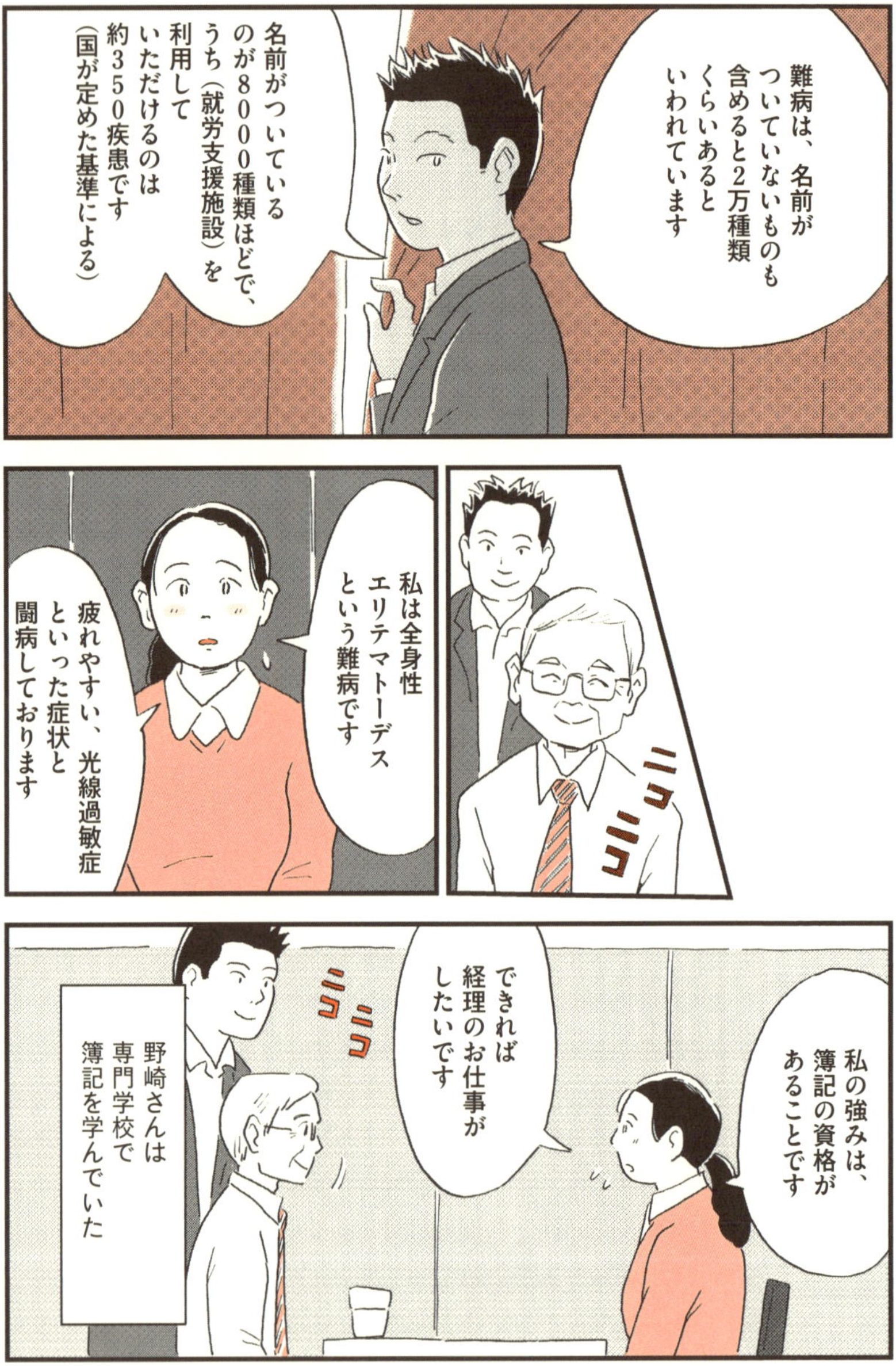
難病は、名前がついていないものも含めると2万種類くらいあるといわれています
名前がついているのが8000種類ほどで、うち（就労支援施設）を利用していただけるのは約350疾患です（国が定めた基準による）
ニコ
ニコ
私は全身性エリテマトーデスという難病です
疲れやすい、光線過敏症といった症状と闘病しております
私の強みは、簿記の資格があることです
できれば経理のお仕事がしたいです
ニコ
ニコ
野崎さんは専門学校で簿記を学んでいた

高校卒業後は引きこもっていた時期もあったが
通信教育で大学の経営情報学部を卒業した努力家
利用者さんにはお客さんの前で必ず自己紹介をしてもらうようにしています
それが自然とスピーチの練習にもなりますし、自分に何ができて何ができないかをはっきり企業側に伝えることにもなるからです
その日、野崎さんが受託作業をしていると
野崎さん
経理の仕事あるよ

後日、紹介された職場へ見学に
介護福祉施設…
野崎さん！よくお越しくださいました
体調はどうですか？
先日FDAで自己紹介した方だ
こちらへどうぞ！ご案内します
こんにちは！
ごゆっくりどうぞ
よかったら近いうちに実習に来ませんか？
こんなに丁寧に接してもらって申し訳ない…
私がお客様だから？
甘えないでくれませんか…
もう疲れたって怠けてるんじゃないですか？

10か月後…
野崎さん お疲れさまです！ ちょっと休みましょ
お菓子いただいたんですよー
野崎さん、ここの計上の仕方教えてもらえる？
今休憩中っていったじゃないですかー
あとにしてくださーい
あははは
皆さん
時間が経っても変わらず笑顔で接してくれてる
実習期間を経て、晴れて契約社員となりました
成澤さんと合掌苑さんに感謝です

# 難病の人の就労支援

世の中には、原因も治療法もわからない病というものが存在します。

いわゆる「難病」といわれていますが、名前の付いていないものも含めれば2万種類くらいあるといわれています。そんな難病の方たちのうち、ＦＤＡのような就労支援施設を利用できるのは、３５８疾患（平成29年4月現在）。

これは厚生労働省で「障害者総合支援法対象疾病」として定められています。対象疾病の数は、ここ数年で少しずつ拡大されてはいますが、まだまだ少ないのが現状です。

また、難病の人には「障害者手帳」が交付されにくいことも、患者さんたちの生活を大変なものにしています。

野崎陽子さんは、まさに障害者手帳が交付されない難病、全身性エリテマトーデスと付き合っています。光に弱く、とても疲れやすい病気です。

僕たちFDAとは、難病専門カウンセラーの紹介でつながりました。

それまでは持病を隠したまま、派遣社員として事務職や公文式の仕事などを点々としていたそうです。今は人生ではじめて、病気を同僚に明かして働くことができています。

野崎さんが現在の職場に出逢えた背景には、FDAが大事にしている〝**自己紹介**〟が大きく関係しています。

僕のところには、日々、全国からたくさんのお客さんがやってきます。

自治体の首長や、FDAの活動に興味をもたれた企業経営者、就労困難者のご家族などが全国から訪れます。それはそれはにぎやかです。

その方たちに対し、僕は近くにいる利用者を誰かれ構わず呼んでは、自己紹介をしてもらいます。

それが自然と**スピーチの訓練**になるのはもちろんのこと、**「自分に何ができて、何ができないのか」を自分の言葉で相手にはっきり伝えることが、何よりも重要**だと考えているからです。

これは実習や、就職をする際にも、現場で仕事を〝**切り出してもらう**〟ときに役立ちますし、この自己紹介がきっかけとなって「うちに働きに来なよ」とタイミングよく職が決まる場合もあるんです。

まさに野崎さんは、そんな体験を経て就労を実現した人のひとり。

次に、彼女がＦＤＡの活動報告発表会でしたスピーチをご紹介します。

彼女の就労までの道のりをよく表していると思いますので。

## 野崎さんの活動報告発表会でのスピーチ

ＦＤＡで就労移行支援を受けているトレーニング生の野崎と申します。

私は、全身性エリテマトーデスという難病です。

疲れやすい、光線過敏症といった症状と闘病しております。

難病なので、手帳は所持しておりません。しかし、ＦＤＡの中で手帳を所持している人よりも、体力がないのもほんとうです。

現在、週に2日ほどFDAでトレーニングを受けていて、3日は合掌苑さんに実習でお世話になっております。

合掌苑との出会いは、職員の方がFDAを来訪されたときです。

成澤さんに自己紹介してといわれ、面談室に入ると、とてもにこやかな方々が座っていらっしゃいました。どういう会社の方ということさえもわからず、自己紹介と、経理の仕事をしたいことなどをお話ししました。

話を聞いていると、どうも福祉施設の方だということはわかりましたが、私は介護職希望ではないので、この方たちと仕事をすることはないと感じていましたが、このような方たちの下で仕事ができたら良いなって、思いました。

面談が終わり、受託案件をやっていると、成澤さんに「経理あるよ」といっていただきました。何よりも、魅力を感じた方たちの下で働かせていただけるかもしれないと、とてもうれしかったです。

話が進み、3拠点の見学と面談をさせていただきました。

見学をさせていただくと、さらに感動しました。見学に行くところ、皆様、笑顔なんです。

嫌な話ですが、職員の方が来訪者に笑顔なのは当然だと思いますが、お客様まで笑顔なんです。これは、私にとって衝撃でした。

なぜそんなふうに思ったかというと、私の祖母はすでに他界しているのですが、9年間闘病していて、病院、老健、特養とお世話になっておりました。そのときに行った施設では、職員の方もお客様も、笑顔の方はいなかったからです。

実際に実習が始まると、実習生なのに、とてもていねいに対応していただきました。雰囲気もそうですが、仕事の説明などもこんなにていねいにしていただいて、申し訳ないという気持ちもありました。とはいえ、最初は手探りだし、実習生とはいえ、お客様だから？　という不信感を抱いていたのもほんとうです。

ところが、現在、実習5か月目に入りましたが、ぜんぜん変わらないんです。変わらないどころか、実習生なのに、ここまでやらせてもらえるの？　という内容の仕事です。

やりたい仕事なので、毎回楽しく、ワクワクしながら働いています。

今は、合掌苑で絶対に働きたいと考えながら、実習させていただいております。

このチャンスをくれた、成澤さんと合掌苑に感謝しております。

# 自分の言葉で伝えることで、夢に近づく

「経理をやりたい」と、伝えられたこと。

「自分から伝えた」ことが、企業側にやる気の表れと映ったこと。

それらが野崎さんの就労を決定づけたことが、わかっていただけたと思います。

野崎さん本人は、話すとにぎやか。いい意味で親分っぽいというか、姉御肌です。

でも、病気のせいで体力がなく、身体を使う仕事はあまりできません。

だから、ＦＤＡでトレーニング中に目指したのは、まず**勤怠を安定させる**こと。

とにかくコンスタントに施設に通い、施設内の仕事に励んでもらいました。

当時を振り返り、野崎さんは、

「ＦＤＡには、自分が困ったときやパニックになったときに声をかけてくれたり、話を聞いてくれる人がいて、支えられていたんだなって思う」

と回想してくれました。現在勤務する合掌苑についても、

「みんながやさしく教えてくれるし、質問に答えてくれるのでありがたい。私の病気のことも、特定の人だけでなく、ほぼ全員が同じレベルで配慮してくださる」

とも話してくれました。

ここで注目したいのは、野崎さんが周囲への感謝の心をもてていることです。本人に心の余裕がない状態だと、こういう言葉はなかなか出てこないもの。

これだけでも仕事の充実度がわかります。

「特にうれしかったのは、私が加わったことで『負担が軽くなって助かる』と合掌苑の人たちにいってもらえたことです」

とも話してくれました。自分は必要とされている、誰かの役に立っているという実感が

もてているのはすばらしいです。

野崎さんは幼いころからピアノを続け、音楽短大の芸術コースに2年間通ったあと、研究生として進学したところで、病気のため中退し、引きこもってしまいました。

でも、音楽と同時に専門学校で簿記を学んでいたことが、今の職場で花開いています。ちなみに野崎さん、引きこもりながら通信教育で大学の経営情報学部を卒業した努力家なんです。

**難病は、まだわからないことも多く、本人が隠していることも多いため、世間からなかなか理解されにくい**です。

でも、野崎さんのように単身で難病を抱えて、継続的に働けないという人たちが、日本には一定数、存在します。

僕たちFDAは、そういった方たちにも、積極的に関わっていきたいと思っています。

仲間その4

# ゴールは「病気からの完全な逃げ切り」

## 三《み》木《き》孝《たか》明《あき》さん

ゾーホージャパン株式会社勤務
（40代男性・精神疾患・元プロダクトマネージャー）

三木さんは外資系の通信会社に
15年ほど勤務。体調を崩し、
1か月ほど欠勤していた。
ある日、彼が
出社すると…
私物は自宅に
送ってやる
そんな…
ここから三木さんの
苦難の日々が始まる――
三木さんが会社を
長く休んだのは
これが二度目だった

同じ病気を理由に、何度も傷病休暇をもらえる会社は少ないだろう
2回とも原因は双極性障がい。これが、再発性であるこの病気の厄介なところだ
もともと高学歴で英語力も完璧に近い（TOEIC915点）三木さん
社内で使うのは主に英語
夜中に海外との電話会議などもこなしていた
しかしそんなある日
…う
動けない…
気分が重い…
激務の前後に週5コマのドイツ語教室を入れるなど、1秒を惜しむ「過活動」な生活を続けた反動でうつ状態に
一旦は復帰するものの、再発…
「休みます」という電話一本の気力もなく、無断欠勤してしまいました…

思えばずっと、自覚はなかったのですが躁状態だったのかもしれません
仕事の前後に水泳をしたり
有休をバカンスにせず趣味の世界史の勉強をかねて、ハードな海外旅行にあてたり…
ガタ
ゴト
最初の症状は手足のしびれでした。31～32歳のとき、はじめて病院へ
整形外科・神経内科では「確かに変なことが起こっているが、ここでは原因はわからない」といわれ、
精神科医に診てもらうと「うつ病」と診断されました
うつ病？
こんなに元気なのに…
その3、4年後…
三木、ちゃんと休んでいるのか？

寝てますよ？毎日1時間くらい…
いやいやいや
君のメール、24時間ずっと飛び交っている
異常だよ
休んだほうがいい
自分でも納得するところがあり、一度目の休職
今度は医師から双極性障がいと診断される
診断書
これ、何十年と薬漬けの病気だろ？
そしてその数年後、冒頭のシーンに至る
さて、解雇された後の三木さん――
TO MIKI
ああ、また不採用か…

この2度の休職というのは…?
残念ながら弊社では…
不採用
不採用
不採用
これだけ受けてどこもひっかからない…
もうこの業界で受けられるところはない
でも、俺はこの病気と一生付き合わないといけないんだ
逃げ切らなくては!!
こうして三木さんは障がい者専門の人材紹介会社に登録
そこの紹介でFDAにたどり着く
こんにちは!
さっそく明日からトレーニングに来てください!

## FDAから外資系の企業に再就職

日本の企業が障がい者を雇うとき、比較的〝おとなしい障がい者〟が求められる傾向にあるなと感じます。誤解を恐れずにいうならば、パワフルな障がい者が部下になったら面倒くさそう、大変そうと思われているのかもしれません。

次にご紹介する三木孝明さんは、どちらかというとパワフルな障がい者です（笑）。双極性障がいで、躁鬱《そううつ》の変動が激しく、躁のときは社会運動系の集会に参加することもあります。反対に、鬱のときは半年くらいお風呂に入らない生活を送ったりと、極端です。

さらに、三木さんには学歴と実績もあり、語学力まで兼ね備えています。

そんな三木さんのような方が仕事を探す場合は、**外資系の企業が向いている**かもしれません。実際、三木さんがFDAから再就職を果たしたのは、ゾーホージャパン株式会社といって、インドに本社を置くIT企業の日本法人です。グループ全体で5000人の従業員がいる巨大企業です。

ゾーホージャパンは本国の1／100、約50名のスタッフで運営されていますが、そのトップである社長がFDAのことを知ってくださっていて、僕から直接「ちょうどいい人がいます」と三木さんをご紹介しました。

引き合わせから1か月後には、ゾーホージャパンに出向いての三木さんの実習がスタートしました。

ゾーホージャパンでは、以前にも双極性障がいの人を雇ったことがあるそうですが、そのときはうまく歯車が合わなかったそうです。そういった経緯もあって、三木さんのときには、実習期間を1年に設定しました。

この1年という時間は、**受け入れる企業側が、三木さんのパフォーマンスや会社との相性を見る時間**になりますが、僕たちFDAにとっても、**企業の経営者やスタッフに、障がい者雇用のノウハウやコミュニケーションを伝える時間**になります。

僕らのような就労支援機関が、企業に障がい者を単に〝送り込む〟という意識で仕事をしていたら、絶対にうまくいきません。だから、僕たちFDAは普段から、企業と障がい者を「マッチングする」という言い方はしません。
僕らが行っていることは、単なるマッチングではないからです。
三木さんはゾーホージャパンという新しい職場の印象について、

**「特別これといって障がい者雇用について何かやっているという感じがしない」**

といいます。
実は、これこそが最高の評価です。**障がい者と健常者に壁がない**こと。
これも、外資系企業に多い特徴のひとつです。

## 自力で就活をしながら、FDAでトレーニング

三木さんは、1年間の社内トレーニングと、ゾーホージャパンでの1年間の社外トレーニングを経て、無事に契約社員となりました。

このように、FDAの利用者がパートナー企業に出向いてトレーニングをし、そのまま社員になるというケースは多いです。僕の印象では、FDAを卒業していく人のおよそ9割くらいがそうです。

今はやっていませんが、以前は利用者と一緒にハローワークに行って、職探しをすることもありました。

でも、それで仕事を見つけたとしても、就職後の定着率は決して高いとはいえませんでした。今行っている、「FDAのパートナー企業でトレーニングをし、そのまま就職する」というパターンの方が、はるかに長く働ける結果につながっています。

実は三木さん、FDAにトレーニングに通うかたわら、並行して自力の就職活動を展開していました。2年間で受けた企業は、なんと300社！

でも、高学歴で、英語力も非常に高い（TOEIC915点）三木さんとて、再就職は簡単ではないのです。

「300社も受けると、その業界に存在する会社を1周まわった感じになり、もう受けるところがなくなります（笑）」

と、三木さんは当時を振り返ります。

ゾーホージャパンは三木さんにとって、社員として勤める3社目の会社です。大学卒業後、社会人デビューした1社目は日本の通信会社。が、不運にもそこは1年未満で倒産。入社した年の年末最終出勤日に正社員が集められ、「3／4の社員はクビ」と宣告されたそうです。

2社目は外資系の通信会社。前の会社をクビになった翌年から、15年ほど働いていました。

「本社はアメリカで、現地では大企業なのですが、日本法人の従業員は数十名。新サービスの開発や技術環境の整備、取引先への対応など、ありとあらゆる仕事をしました。夜中に欧州や米国との電話会議も多かったです」

そんな激務の前後に趣味のドイツ語教室や水泳を入れるなど、**過活動な生活**を送っていた三木さんは、あるとき心身の調子を崩してしまいます。

休職を経て、復帰したものの、数年後に再発……。

何度も同じ症状に悩まされるのは再発性である双極性障がいのつらいところで、結局は辞めざるを得ない状況になりました。

## 障がい者専門の人材紹介会社に登録して、道が拓けた

三木さんがＦＤＡを訪ねてくれたのは、登録していた障がい者専門の人材紹介会社がきっかけでした。

外資系にはタイムカードがないところが多いので、三木さんはＦＤＡに通いはじめたばかりのころ、タイムカードの押し忘れが多かったことをよく覚えています。

面談をして一緒に目標設定を行い、最初の1年はＦＤＡの施設に毎日しっかり通うこと、つまり「**勤怠を安定させること**」を目指しました。

2年目以降は、ＦＤＡのパートナー企業に通う形でトレーニングを積み、心身ともに充実したタイミングで、再就職を試みることにしました。

三木さんと面談を重ねる中で聞いた、忘れられない言葉があります。

「僕の病気は治らない。だから、逃げ切る。完全なる逃げ切りが目標です」

「病気と上手に付き合っていく」という言葉は、よく聞きます。

でも「逃げ切る」って……。やっぱりパワフルな三木さんらしいです（笑）。

三木さんが生涯をかけて障がいからの逃げ切りに成功するよう、これからも公私両面からしっかりサポートをしていきたいです。

仲間その5

# 「はじめて正社員になりました」までの道のり

小《お》野《の》瀬《せ》覚《さとる》さん

株式会社スマイルズ勤務

（50代男性／精神疾患・難病・セクシャルマイノリティー）

小野瀬覚さん
「スープストックトーキョー」のスマイルズで働き、4年めになる
小野瀬さん、まかないのスープどうぞー！
ありがとうございます！
FDAの実習先としてスマイルズで働きだし、3年めからはめでたく正社員に
現在はボーナスももらっている
もうこんな会社に出逢えることはないと考えているので
辞めようと思ったことなんて一度もないです
小野瀬さんは精神障がい、難病で、セクシャルマイノリティーでもある50代だ

母親は自宅で伝統文化を教えていた
生徒さんに迷惑がかかるからと、しばしば両手両足を縛られて押入れに入れられた
これは自力で逃げられるようになる11歳まで続く
食事も栄養が偏っていたため小学校入学時には栄養失調といわれる
パニック障がいは小学生から
3年生のときにバスに乗る遠足があったのですが
密室が無理で行けませんでした

高校を卒業し、東京に出て浪人。大学に行きたかったが、受験会場でものすごい動悸と恐怖に襲われてしまい、泣く泣く断念
最終的には美容専門学校に進み、美容室に就職
が、いつも不安を抱え
動悸が止まらない
ドキ
このまま死ぬんじゃないか
苦しい
ドキ
ドキ
職場に行けな
乗れな
ドキ
結果、不眠症に
もうム
不安
また発
起きたら
怖い
もう働けな
半年で職を辞め、精神科に通いはじめる
もらう薬の量がだんだん多くなって…
それを飲んで電車に乗る練習もしましたが結局乗れるようにはならず
不眠もかえって悪化しました
このころの小野瀬さんについていた診断は「不安神経症」
加えて、23歳のときに「クローン病」になる

クローン病とは消化管に炎症を起こし、腹痛・下痢・出血・発熱などを引き起こす難病
さすがに田舎に帰りました…
そのまま実家に4年くらい引きこもる
辛い…
親は助けてくれず、体重は40キロに
苦しい…
こんなに苦しいなら…
死んだ方がましだ…
25歳のとき、睡眠薬を200錠飲んで自殺未遂
その後、一命をとりとめたものの…
こんな家出てく!!
なんで電車で通勤しないんですか?
ギク
あ…歩くのが好きで…
ふ〜ん…?
ダメだバレる…
この職場も辞めなきゃ…
ドキドキ

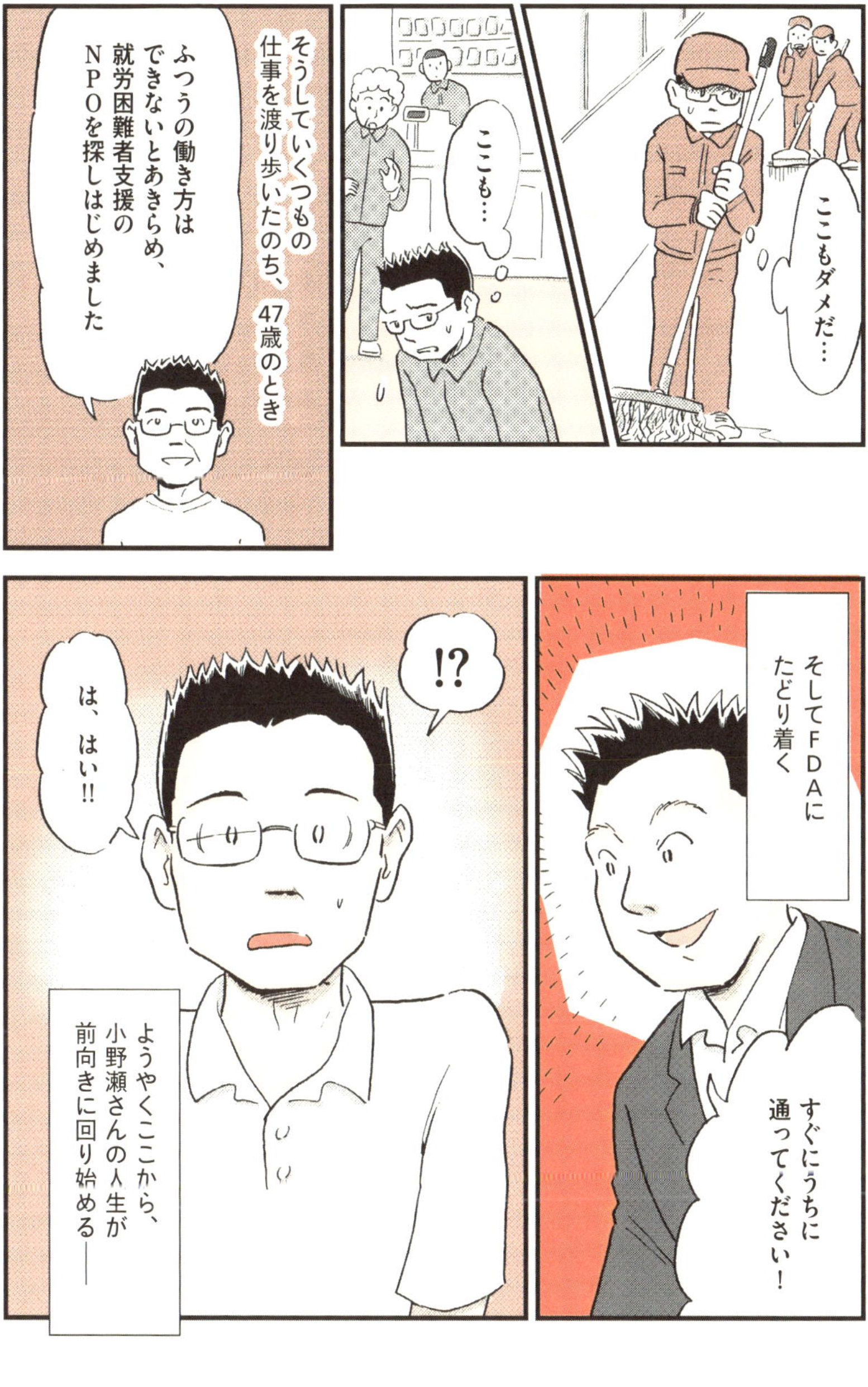
ここもダメだ…
ここも…
そうしていくつもの仕事を渡り歩いたのち、47歳のとき
ふつうの働き方はできないとあきらめ、就労困難者支援のＮＰＯを探しはじめました
そしてＦＤＡにたどり着く
すぐにうちに通ってください！
!?
は、はい!!
ようやくここから、小野瀬さんの人生が前向きに回り始める——

## 4歳のころからDVを受けていた

小野瀬さんは、お母さんが伝統文化の講師で、自宅を教室として教えていたため、泣くと生徒さんに迷惑がかかるからと、うるさいときには身体を縛られ、押し入れに入れられていたという体験を話してくれました。これが4歳から11歳くらいまで続いたそうです。

**「それ以降は身体も大きくなったので、力ずくで逃げられるようになりました」**

ほかにも、幼いころから店屋物の食事が多く、栄養が偏っていたため、小学校入学時には栄養失調を指摘されたそうです。小野瀬さんの苦難はまだ続きます。

「僕にはパニック障がいもあるのですが、これは小学校時代から。3年生のときにバスに乗る遠足があったのですが、すでに密室が無理で参加できませんでした」

なんとか高校を卒業し、東京へ。そこで浪人生活を送ります。大学に行きたかったけれど、パニック障がいがひどく、受験会場で尋常ではない動悸と恐怖に襲われてしまい、泣く泣く進学を断念。最終的には美容専門学校に進むことを選択し、卒業後は都内の美容室に就職します。

「でも、社会人生活は順調とは言い難く、いつもどこかに不安を抱えていて……それでいて、どこにも救いが見出せなくて……」

結果として不眠症になってしまい、美容室の仕事は半年で辞め、翌日から精神科に通い始めたそうです。

「いろんな薬をもらいました。その種類も日増しに増えていって、それらを服用して電車に乗る練習もしましたが、なかなか慣れず……。不眠もむしろ悪化しました」

これが小野瀬さん20代前半のころ。不安神経症と診断されていたそうですが、不運は続くもので、さらにクローン病を発症してしまいます。クローン病とは、消化管に炎症を起こし、腹痛、下痢、出血、発熱などを引き起こす病気です。

「さすがに、もうこれ以上は無理と思い、田舎に帰りました……」

## 苦しくて苦しくて仕事も住まいも転々と

「体重も40キロになり、このまま死ぬかもしれないと思いました」

HIV感染の心配もあり、病院で検査もしました。結果は陰性でしたが、そのまま実家で入退院もくり返しながら、4年くらい過ごしたそうです。

「でも、実家にいたところで何をしていいかもわからず、苦しくて苦しくて仕方ありませんでした。睡眠薬を200錠飲んで自殺を図ったこともあります」

奇跡的に今も元気でいられるのは、自殺を図るときに、昔の美容室の先輩だった女性に電話をしたから。

彼女が電話を受けたのは夜中の3時。心配になってすぐ家に駆けつけました。

そこで倒れている小野瀬さんを発見し、すぐ病院へ連れて行きました。胃洗浄もしたけれど、睡眠薬の量が量だっただけに、ドクターから「もうダメかもしれません」といわれたそうです。周囲はお葬式の準備まで始めたそうですが、そこで小野瀬さんは目を覚まします。

一命を取りとめたあと、生活が少しは上向いたかといえば、残念ながら答えはノー。

それからもしばらくデコボコ道が続きます。

東京と実家を行ったり来たり。友人のツテで働いたり辞めたり。

実家に戻っては親と罵倒《ばとう》し合い、結局また出ていくということの連続でした。

まさに苦難のデパートともいえるほど波乱万丈な小野瀬さんの人生。

話を先に進める前に、ここで少しハッピーエンドに触れておきたいと思います（笑）。

今、小野瀬さんは僕たちＦＤＡのパートナー企業である、株式会社スマイルズで幸せに働いています。スープ専門店「スープストックトーキョー」や、ネクタイ専門店「giraffe《ジラフ》」など、近年日本で若い世代に支持されるブランドは、すべてこの会社から始まったといえるくらい、勢いもセンスも兼ね備えた人気企業です。

さあ、そんなスマイルズで小野瀬さんが働けるようになるまでのストーリー。

現在、小野瀬さんは50代ですが、46歳のときにさかのぼりましょう。

帰れば親とケンカばかりしていた実家を、小野瀬さんが最後に飛び出したのが46歳のときでした。

「東京に出てきたものの、つらくてすぐには働けず。1年過ぎたところで、自分は普通には働けないと思い、就労困難者支援のＮＰＯを探し始めたんです」

はじめは千葉のＮＰＯへ行ったものの、千葉県民でないとダメと断られ、世田谷にある精神病院のリワークの話を聞きに行ったものの、ピンとこず。今度は台東区にあるうつ病関連のNPOをのぞきました。そこもどうなのかと思い、たどり着いたのが僕たちFDAでした。

## ゲイであることを伝えて仲よくなれた

僕の眼が見えないという情報を、どこかで聞いて知っていた小野瀬さん。最初に会う前までは、いったいどんな人なんだろうと考えていたそうです。

「実際の成澤さんはすごく元気で、平気で階段も昇りおりしているし、話し方からも、就労困難者の就職に絶対の自信をもっていることが感じられました。『すぐうちに通ってください』といわれて、即座に『はい！』と答えました。ほかに行くところもなかったし（笑）」

これが、小野瀬さんがギリギリ40代だったころのこと。

初対面で僕が小野瀬さんに抱いた印象といえば、とても人柄がいいし、何といってても声がいい！　ラジオ番組をもっていてもおかしくないくらい、低いトーンなのによく通る、それでいて聞いている人を安心させる美声の持ち主なんです。

その印象があったので、ＦＤＡではトレーニングの一環として、テレアポの仕事をやってもらったこともあります。

そんな小野瀬さんがＦＤＡに通いはじめて半年くらい経ったころでしょうか。僕の手のひらに、自分の指先で文字を書いてきました。

それはカタカナで「ゲイ」と読み取ることができました。

「伝えた方が自分が楽になれると思ったし、成澤さんともより親しくなれると思ったので」

こうして相手が心を開いてくれることを、僕は何よりうれしく思います。

**心と心の距離が縮まれば、間違いなく就労支援にもプラスになる**からです。

## 生まれてはじめて正社員に

小野瀬さんが現在働いているスマイルズという会社は、ＦＤＡのパートナー企業で、もともと小野瀬さんの社外トレーニング先でした。

１年間、契約社員という形で勤務し、２年めからは、めでたく正社員として迎え入れられました。この本を書いている時点では４年めに突入していて、ボーナスもちゃんともらっています。

これまでは、働いても病気がバレそうになったら転職。派遣や紹介の仕事を渡り歩いてきましたが、ここの社員は小野瀬さんの理解者です。

スマイルズと、ＦＤＡスタッフと、小野瀬さんの三者面談を何度かくり返す中で、ゲイであることもカミングアウトできたので、自由に自分を表現しながら働くことができています。

業務内容は主にデータ収集や事務処理。季節ごとのイベントの昨対比を出したり、ブランドサイトに週替わりでアップされるスープメニューの更新、社内ウェブに社員向けの情報をアップすることなどを任されています。徐々に責任ある業務に携わらせてもらっているそう。

でも、いまだにせまい密室はダメ。電車も急行はムリで、数分に一度はドアが開く各駅停車にしか乗れません。そのため、出勤時間を配慮してもらったり、バスに乗る社員旅行には行けないことも理解してもらっています。

スマイルズが会社として〝働きづらさを抱える人〟を採用するのは今回がはじめてでした。

今後もこういった採用を続けていく前提で、第一号として小野瀬さんを迎えたのには、人事部が決めたユニークな方針がありました。

「一例目だからこそ、いちばん難しそうな人を採用しようと決めていました。そうしたら、次からラクになるだろうと思って」

ある意味光栄ですね！（笑）

宝ともいえるロートーンボイスで小野瀬さんが僕に、こういってくれたこと。

何度も思い出すし、思い出すたびに笑っちゃうし、また同時に涙も出ます。

「成澤さん！　僕、生まれてはじめて『正社員になれました』っていえました」

# 2章

# “人”と“仕事”をつなげたい

## 就労困難者のリアル

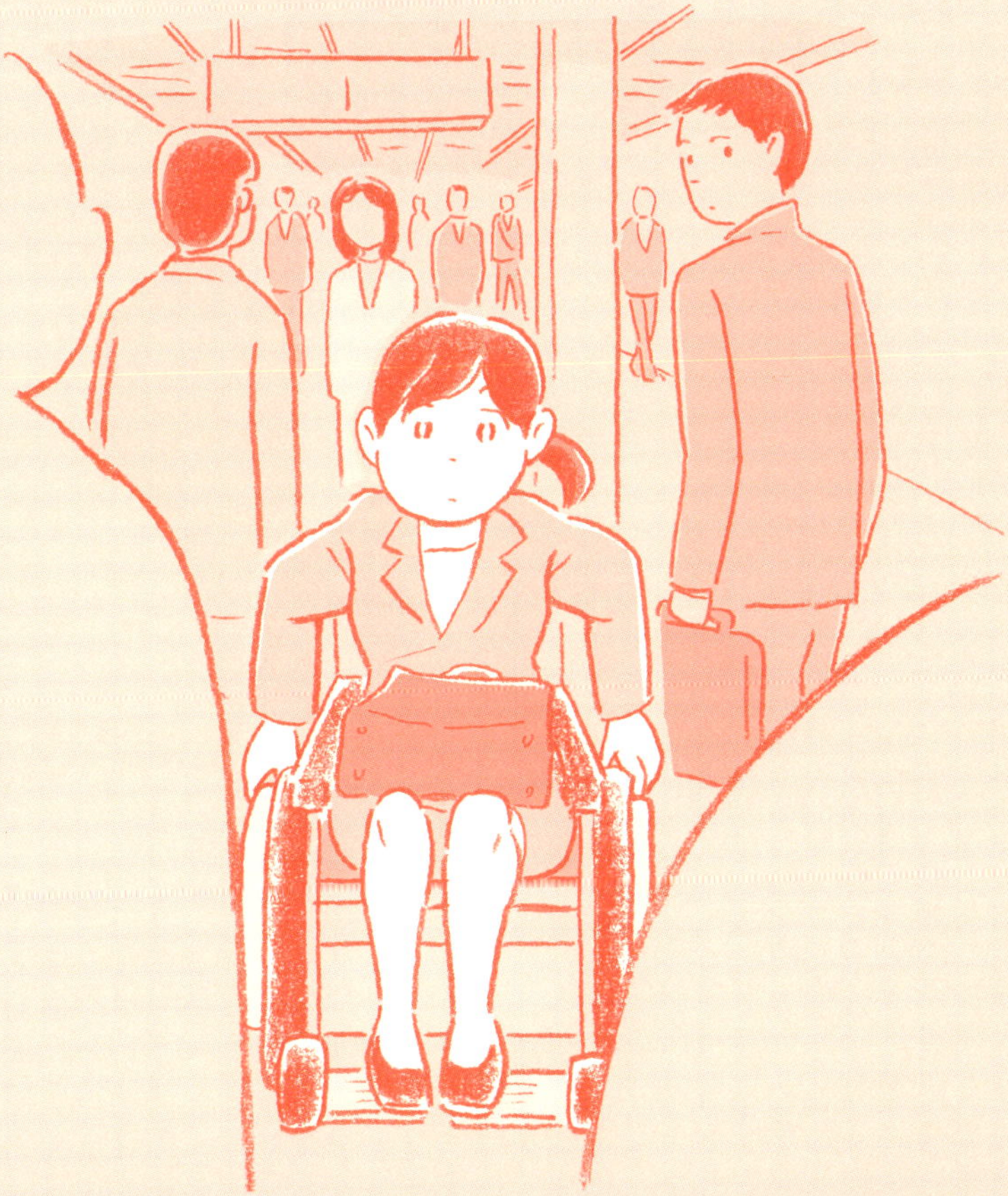

## 仕事は、人をよりよい方向に導く

朝起きて、身支度をして、通勤のために家を出る。

どこの家でも見られそうな、ありふれた光景ですよね。

でも、就労困難を体験した人には、こんな日常がとても幸せなんです。

1章に登場した舘山さんのように、首から下げるIDカードやセキュリティカードを手にすることにも、自分の名刺を持つことにも、特別な意味があります。


**仕事は、人をよりよい方向に導く**。

これは、僕が信じて止まないことです。

FDAでトレーニングや実習を終え、就労した元利用者と再会したときに、特に強く実感します。そのときに交わす彼らとの会話は、それ以前のものとはぜんぜん違うんです。

それはそうですよね。引きこもっていたころは、何も変わらない毎日。だから、話題がないんです。でも、社会で働き始めると、いろんな変化にさらされます。

会話の内容は「給料が低い」とか「誰々とランチに行った」とか、他愛もないことです。

でも、そんな雑談すら僕にはうれしくてたまりません。

〝あたり前〟を取りもどしたFDAの元メンバーに、心から拍手を送りたくなります。


仕事は、確実に人を変えてくれます。

時には人を苦しめて、仕事が原因で引きこもったり、メンタルを壊したりする人がいるのも事実。

でも、そこから**自分を取りもどすきっかけになるのも、また仕事**なんです。

これまでのFDAの活動を通じて、自信をもっていえます。

しかも、**よりよい方向に変わっていくのは、本人だけではありません**。


つい先日も、加藤稚菜《わかな》さんという、20歳の車いすユーザーの利用者さんが、「朝、ジャケットを着て出勤できるなんて超うれしい」とメールをくれました。

現在、自宅から片道2時間かけて、都内のIT企業、キャスレーコンサルティング株式会社へ社外トレーニングに通っていますが、彼女は時間にすごく正確です。160名いる社員の中でも際立っています。

「だから、私も時間に気をつけるようになりました」と、社長もいっていました。

ITエンジニアが多い急成長ベンチャーという職場環境の中で、稚菜さんは突出して明るいキャラクター。その元気にあやかりたいと、今では彼女を中心に幹部の月1ランチ会も開かれているそうです。

**仕事が本人を変え、また周囲の仲間まで変えていった**好例です。

仕事が安定すると、**本人の親が変わる**という場合も多々あります。

僕たちFDAと接点をもったばかりのころの親御さんの中には、

「うちの子は、いつごろ就職できるんですか?」

と焦り気味……いや、半ば高圧的に問うてこられる方もいらっしゃいます。

そのお気持ちは、よくわかります。無理もありません。

でも、お子さんが僕らと一緒にトレーニングを積み、就労の可能性が見えてくるようになると、「FDAを支えることが、親としてできること」と、自ら僕たちと活動をともにしてくださる親御さんもめずらしくありません。

知的障がいをもつ32歳の息子さんがいらっしゃる平島純子さんは、まさにそんなお母さん。

息子さんは現在、うちのスタッフとして働いてくれているのですが、平島さん自身も週2回、片道1時間半かけて、スタッフのお昼ごはんをつくって持参してくださいます。おにぎりだったり、煮物だったり、忙しいスタッフたちにとって、すごく有り難いものになっています。

僕がバタバタしていると「冷蔵庫に入れておいたからね」と声をかけてくださる平島さん。こんな関係が、もうかれこれ4年くらい続いています。


かつて、20年引きこもっていた息子さんが無事に就職したからと、それまでの疲れきった様子から一変、髪を紫に染め、パーマをあてて、見違えるようにきれいになったお母さんもいました。

子どもが就職して活動範囲が広がると、親の活動範囲も変わります。

いい報告ができるようになると、兄弟や親戚などと再会するようになるので、それに合わせてルックスも整えていくというふうになっていくのです。

就職は、その本人が社会へのスタートラインに立っただけのことに過ぎません。

でも、そこからゆっくりとでも歩みを進めると、心あたたまるストーリーが周囲で生まれ始めます。

だから、やっぱり仕事は大事です。

順調な仕事があるということは、周りに存在するすべての〝関わり〟の潤滑油になるように感じます。

**人生で最も時間を費やすもの**。それは多くの人にとって仕事です。

仕事は継続的に行うことであり、**最も人と触れ合う機会**でもあります。

人は元来、人と関わったり、感謝されたり、感動を分かち合いたいと思う社会的な生き物です。

障がい者雇用の先駆けで、僕の尊敬する日本理化学工業株式会社の大山泰弘《やすひろ》会長も、

「導師は人間の究極の幸せは、人に愛されること、人にほめられること、人の役に立つこと、人から必要とされること、の4つと言われました。働くことによって愛以外の3つの

幸せは得られるのだ。私はその愛までも得られると思う」

とおっしゃっています。

## 就労困難者3000万人、それぞれの事情

僕たちFDAが就労支援を行っている対象者は、さまざまな〝働きづらさ〟をもっている方々です。

具体的には、身体障がい、知的障がい、精神障がい、発達障がい、引きこもり、難病、若年性認知症、ホームレス、犯罪歴のある方、DV被害者、破産者など、働きづらい理由は多岐にわたり、およそ40種類にも及びます。

「障がい」という部分に着目すると、内閣府の統計によれば、現在国内には約850万人の障がい者の方たちがいます。が、僕はその倍の約1700万人の〝潜在的障がい者〟がいるのではないかと考えています。

なぜなら、自らや家族の障がいをはっきり自覚し、受け入れたうえでアンケート調査に協力するというのは、そう簡単なことではありません。ゆえに、調査結果には表れてこない〝数〟が、その背景にはあると思うのです。

が、ここでは850万人として考えてみましょう。

850万人のうち、年齢が18〜65歳の方々が、およそ半分の400万人います。そのうち、一般企業に勤めている人はというと、約40万人といわれています。

つまり、障がい者だけに限っていえば、日本の失業率はなんと90%。

これは、国や地域へのネガティブな経済的インパクトになり得ます。

国が福祉施設で障がい者ひとりにかける費用は年間500万円です。

もし仮に、20歳から60歳まで働かないまま福祉施設でずっと生活を送るとなると、一人あたり平均約2億円の予算が必要になります。

あくまでザックリとした概算の話ではありますが、もしも〝働く障がい者〟が一人増えれば、それは日本にとって2億円以上の経済効果につながるということになるのです。

また、ここ数年の日本の自殺者数は、年間3万人から2万人の間で推移しています。

自殺の大きな原因のひとつに〝孤独〟が挙げられると思いますが、働きたくても働けない人たちが仕事に就くことで、この状況を好転させることができると僕は考えます。
くり返しになりますが、働くことってほんとうに大事なんです。

## 引きこもる人たちの共通点

ここまでお話をすると、講演会などではよく「それはわかった。じゃあ、家庭からニートや引きこもりを生まないためには？」という質問を受けることがあるのですが、僕はこう答えています。

**「親が楽しく働くこと。仕事が楽しいという姿を見せることです」**

子どもは、よく親を見ています。
信じられないかもしれませんが、親が仕事にきちんと向き合わないようなご家庭の子に将来の夢を尋ねると、真顔で「生活保護を受けること」と返ってくることがあります。悲しいことです。

親がしっかり働いてさえいればいいのかといえば、実はそうともいえません。引きこもりのお子さんがいるご家庭は、僕の肌感覚ではだいたい7〜8割が〝親が立派なご家庭〟だったりします。

具体的にいえば、親が教師、あるいは経営者という感じのご家庭です。

こういった親御さんは、子どものちょっとした失敗や、何かができないという事実に〝ダメ〟のレッテルを貼り、**ワンストライクでアウトのような扱いをしてしまいがち**です。

そして、本人に悪気はないのですが、そこで自分のモノサシを用いて「俺の時代は、こんなふうに頑張っていた」という話を始めます。

これが、引きこもりを生む原因のひとつになり得ます。


もうひとつ、よく感じたのが、**「家庭環境」ではなく「住環境」**のことです。

「成澤さんは引きこもりの人の家庭訪問が趣味なんですか」といわれるくらい、以前はよく引きこもりの子がいるお宅にお邪魔したのですが、換気の頻度が少なく、日光が入り込まない……なんというか、押し込まれたような住まいが多いなと感じていました。ぜひとも、換気や日当たりに気を配ってみてください。

これは個人的なこだわりなのですが、引きこもりの子のお宅に行くのは、決まって午前11時くらいでした。

午後にすると、ご家族が午前中ずっとそわそわしていないといけないし、たいていの引きこもりの子は夜型なので朝早いと会えません。11時くらいが起きてくる時間で、ちょうどいいんです。

それで、30分くらいお話をするとお昼の時間になります。すると、「食べていきますか？」と勧めてくれます。そうして、お昼ごはんをご一緒させていただくと、普通にヒアリングをするよりも、そのご家庭やお子さんの状況を把握することができました。

人生の中で引きこもりになりやすいタイミングというものもあります。それは、**就職活動をこじらせたとき**です。なので、就活で結果が出なかったり、大きなダメージを受けた場合には要注意です。**転職活動時**も同じことがいえます。

そして、これは僕自身もそうなのですが、学校の勉強についていけなくなったり、留年したときも、引きこもりになりやすいタイミングです。

引きこもりから抜け出すタイミングにも共通点があって、それは僕の経験上〝**30歳**〟。10代、20代に引きこもっていたとしても、30代に差しかかるのを境に、「ここから何か抜け出そう」という意識が働くのでしょう。変化の兆しが見えることは少なくありません。こういった傾向やタイミングは、知っておくと何かのときに手を差し伸べやすいと思います。

もちろん、30歳を過ぎて抜け出す人もたくさんいます。きっかけは人それぞれです。

## ITエンジニアは最もうつ病になりやすい職業？

僕のところへ相談にこられることが最も多いのは、職業でいえばITエンジニア（プログラマ）の方々です。

今とても必要とされている人材で、今後もしばらくは世界的なITエンジニア不足が予想されています。

シリコンバレーの起業家たちも多くがＩＴエンジニア出身。彼らのおかげで、僕たちの今の生活が便利で楽しいものになっていることは間違いないです。

が、彼らの仕事の現場といえば、常に納期との格闘、夜勤シフトの連続……。クライアント先でも頼られる立場にあり、決して人には頼れない。納品後も安心はできず、休日でもバグの心配をし続けなければなりません。

ＩＴの技術革新のスピードは速く、常に最先端の知識を求められるので、社外での勉強も欠かせません。

ＩＴエンジニアの世界には、「35歳限界説」という言葉があります。

35歳以降は、エンジニアとして技術的にも、体力的にも、転職するのは難しいという、それほど厳しい世界なのです。

このプレッシャーを受け続けながら40～50代に差しかかれば、自然と酒量が増え、そのタイミングで会社からは早期退職を迫られ……。追いうちをかけるようにリストラ離婚。そして特に大企業で働いていた方は、退職しても生活スタイルをなかなか変えられず、あっという間に自己破産、生活保護となります。

実際に多いんです。このパターンでFDAに相談にいらっしゃる方が。

僕たちFDAでは、大手人材派遣企業と連携し、リストラにあったITエンジニアの方々の転職を支援しているのですが、そこで接する方々の4割くらいには、うつ病を含めたメンタル系の病名がつくのではないかなと感じます。

**でも、大丈夫です。**

たとえ大企業のITエンジニアを辞めて、しばらく引きこもったりして、同じ環境には戻りたくないとしても、無理にまた戻ることはないんです。

たとえば、復帰の場所を**同じIT業界でも中小企業に**してみる。

すると、大企業で培ったエンジニアとしての経験は、確実に活かされます。おのずと自信が取りもどせます。年収が下がったとしても、人生の充実度は上がるでしょう。

またITエンジニアとしての経験は、それ以外の仕事にも活かせます。

そう、**ITの現場に戻らない**という選択肢だってあるのです。

僕たちFDAでは、このように転職を柔軟に、そして幅広い観点で考えています。

## 自分のメンタルを守る仕事選び

就活をこじらせると、引きこもりにつながりやすいことはすでに述べました。

しかし、無事に新卒で入社できたとしても、安心はできません。

1章に登場した舘山さんのように、学生から社会人にシフトする際に生じる生活の変化や新しい環境も、引きこもりの原因になり得ます。

僕自身も、新卒で入った最初の会社を、たった4か月で辞めています。

転職自体は、もう日本では普通のこと。何ら変わったことでも、道を外れたことでもありません。

アメリカ人の平均的な転職回数は、一人のキャリア上12回といわれています。

それに対して日本は、平均た《ヽ》っ《ヽ》た《ヽ》の4回です。

なので、せっかく新卒で入った会社をすぐに辞め、家でゴロゴロしているお子さんがいたとしても、目クジラを立てないでください。20代で最初の転職経験があっても、人生で平均4回と考えたら何の問題もありません。

引きこもっているのは時間のムダづかいのように思われがちですが、実はそうとばかりもいえません。実際、引きこもり中に英語を勉強して、TOEICの高得点をマークしている人を何人も知っています。こんなことをいったら怒られるかもしれませんが、「部屋に留学している」と楽観的にとらえてもらってもいいくらいです。

もし親御さんが、就労に苦労している子どもの強みや「好きなこと探し」を一緒にしてあげるなら、**昔よく叱っていたことを思い出す**のは、ひとつのアイディアです。

「ゲームやめなさい！」

とよく怒っていたご家庭なら、実はそのゲームや、ゲームに近い何かこそ、ほんとうにお子さんのやりたいこと、という場合もあります。

FDAからも、ゲーム依存だった利用者がIT企業に実習に行き、そこに就職したという例がありました。

また、**どこかに通って働くことだけが現代社会における〝仕事〟ではありません。**

今後の働き方はもちろん、引きこもり中に在宅でできる仕事として「**クラウドソーシング**」をぜひ検討してみてください。

クラウドソーシングとは、企業などがインターネット上で不特定多数の人に業務を発注する雇用形態のことです。

文章を書くことや、デザインすること、もしくはホームページづくりなどが得意ならば、今はインターネットを通じて自宅にいながら仕事を請けたり納めたりすることが可能です。

クラウドソーシングの代表格といえば、現在、日本では「ランサーズ」というサイトが有名です。そこに登録すれば、全国の企業から個人に仕事の依頼がくるという仕組みです。ランサーズの取り分を差し引いた額にはなりますが、報酬を受け取ることができます。

ＦＤＡでも、株式会社テレワークマネジメントと連携して、引きこもりや就労困難者の職域拡大に取り組んでいます。

もうひとつ、仕事選びで大事なのは、福利厚生や初任給、そして単に「やりたいことだから」という理由で選ばないことです。

うつ病経験者が16人にひとりといわれる今の社会では、「**メンタルを壊す可能性ができるだけ少ないところ**」を仕事選びの基準に加えてほしいと思います。

どこで見分けるか？

ポイントは、その会社の**休憩時間の雰囲気と、繁忙期の忙しさ**を知ることです。

結局のところ、引きこもりやうつ病のいちばんの原因は**「人間関係」と「忙しさ」**です。

なので、そこを見て決めるのが、実は最も大事なのです。

そこで働く人に聞いたり、実際に見学させてもらったり、できればインターンシップをさせてもらうのがいいかもしれません。**特に学生の方なら、社会に出る前に、数社でインターンシップの経験をする**ことを強くお勧めしたいです。

インターンシップに参加する姿勢と勇気があるならば、さらに一歩踏み出して〝一流の大人〟に会う機会を、学生のうちにつくることもお勧めします。

ものすごい営業成績の人とか、ずば抜けてコミュニケーション力の高い人とか、何でも構いませんので、気になる一流の人を見つけて、ネット上からアポをとってみてください。

大丈夫。一流の社会人は余裕があって、総じておせっかいです。

心をこめてお願いすれば、会ってくれる人は少なくないはずです。

それどころか「次は、この人に会うといいよ」と数珠《じゅず》つながりで、ほかの一流社会人を紹介してくれるかもしれません。

そんな人と会うときに感じてほしいです。

自分はどんな話にドキドキし、心揺さぶられるのかを。

それを探るのが、人生をかけてやりたいと思える仕事を発見することにつながると、自分の過去の経験からもいえます。

## 就職してから気づく、発達障がい・アスペルガー・ADHD

「発達障がい」「アスペルガー症候群」「ADHD」といった言葉、最近よく耳にするようになりました。

今の日本では、小学生の約10〜20%が、どれかに当てはまるそうです。

でも、肝心の本人や親が気づいていないことが少なくありません。

就職して、体調を崩して、病院に行って、ドクターから病名を告げられて、そこではじめて「なるほど、そうだったのか……」と気づく人が多いんです。

おそらく、社会人になると仕事をする上で誰かと誰かの間に立って話を取りまとめる〝調整〟という作業が急激に増えるからではないかと考えられます。

もちろん、学生時代にもゼミやサークルの飲み会や、合宿を仕切る機会などはありますが、社会人の場合とはプレッシャーもストレスも比になりません。

ちなみに、一般的な学校では、先生が生徒の精神疾患に気づいたとしても、あまり関与してくれないことが多いです。安易なレッテル貼りだと非難されかねないからです。

しかし、最近はFDAにも先駆的な取り組みを始めている大学から、キャリアセンターを通じて、精神疾患の可能性がある学生の就活に関する相談が舞い込んでくるようになりました。

とはいえ、**子どもの精神障がいには親ができるだけ早い段階で気づいてあげることが大切**です。

発達障がい、アスペルガー、ADHDなどに気づかないままの親子関係は、「なぜあの子はこうなの?」「なんで親はわかってくれないの?」と、ケンカやイライラの連続です。

障がいであることに気づければ、関係性はよりよい方向に変わっていきます。

「子どもの性格が悪いわけでも、自分の努力不足でもないんだ」とわかれば、心の余裕がもてるとともに、対処方法も明確になりますし、将来の仕事を考えるうえでもどれだけプラスになるかわかりません。

## マルチタスクが求められがちな日本の職場

多くの日本の職場では、複数の仕事に同時に対応する「マルチタスク」の能力が求められがちです。

でも、僕は就労困難者支援をする立場から、こういいたいです。**「マルチタスクなんてできなくていい。強みは、ひとつあればいい」**と。

また、自信をもって、こうもいえます。**「何でも上手にこなすスーパーマンを追い求めるより、ハンデのある人材を雇い入れる方が、御社の発展につながります」**と。

たとえば、うつ病の人が職場に加わると、企業にとって時短勤務は必要不可欠になります。昨今、日本社会全体のテーマである〝働き方改革〟につながるんです。

一説によると、仕事上で無駄になっている時間は、どこの職場でも全体の3割を占めるといわれています。

どんなに罰則を用いても、カリスマ上司がガミガミいっても、5分おきに監視員が「仕事してるか?」とパトロールしたとしても、その無駄時間は容易には削減できないでしょう。

でも、そこにマルチタスクは無理だけど、ひとつのことを確実に仕上げてくれる知的障がいをもつスタッフを迎え入れたとします。すると、彼あるいは彼女に得意分野を任せようと、職場全体が動き始めます。

これにより、寛容な雰囲気が生まれるのはもちろんですし、それまで普通に働いていた人も「自分の得意分野は何だろう?」と考えるきっかけになり、自分の武器を磨きはじめます。こういった**互いに補い合うカルチャー**が、結局は業務効率を上げることにつながると、僕は考えています。

これまでの日本社会には、障がい者に強みを求める、強みを活かすという発想は、あまりありませんでした。

が、そこに気づき、すでに動きはじめている企業に、僕は未来を感じます。

そして、僕はそんな会社を増やしたいと願って仕事をしています。

ここで、黒川裕生《ゆうき》君の例をご紹介したいと思います。

知人の紹介でFDAを訪れた黒川君は、まさにマルチタスクが苦手。でも、ひとつのことには天才的に才能を発揮する31歳の青年です。

彼の得意技は漢字です。漢検1級で、いちばん好きな漢字は「孅《かよわ》い」というマニアックぶりです。

黒川君はその漢字力を活かし、FDAでは僕の名刺のデータ入力の仕事を主にやってくれました。めちゃくちゃ速かったです。トレーニングの合い間をぬってFDA利用者向けに漢字セミナーを開催してくれたこともあります。

その後、FDAを卒業し、めでたくApaman Property株式会社に就職。1年が過ぎようとしています。

就職先では、あらゆる書類の漢字チェックが黒川君に任されています。仕事仲間につけられたニックネームは「皇帝」だそうです（笑）。

このあと、この職場に何が起こるか？　僕の予想では、黒川君に刺激を受け、ほかの社員が仕事における自分の得意技に磨きをかける動きが生まれるでしょう。

また、いい意味で黒川君に合わせたルールができて、それが社員全員にとって働きやすい職場づくりへとつながっていくでしょう。

**組織とは、全体として機能するものであり、それ自体に学習能力があります。**『学習する組織』（ピーター・M・センゲ著／英治出版）という本に詳しいですが、さまざまな企業とお付き合いさせていただく中で、ほんとうにそう実感しています。

余談ですが、黒川君は常におにぎりをふたつ家から持参し、職場に向かいます。そして、彼の中で決めた〝その日のいい人〟に、そのおにぎりのひとつをプレゼントするんです。僕も1回だけもらったことがあります（笑）。

話を戻します。これまでは親も、学校の先生も、会社に頭を下げて障がい者を受け入れてもらうこととしかしてこなかった。これが現実です。

でも、これからは違います。

働き手がどんどん減っています。社会の価値観も変わっています。

**企業も障がい者に〝強み〟を求め、彼らが得意とする仕事、業務を切り出す**こと。

**障がい者も、自分の〝強み〟を大いに自慢し、武器とする**こと。

このふたつのパズルがはまり、化学反応が起こって、地域や企業でいい事例が次々生まれるようになったら、今の「マルチタスクが求められがちな社会」も変わっていくと思っています。

僕は、それこそがこれからの日本の姿だと信じているし、そんな日が早く来てほしいと願っています。

働くということは、何も「マルチタスクができて、空気が読めて、エクセルができて、プレゼン上手で、愛想笑いができる」ことを指すのではないはずです。

そんな社会の実現のためには、学校の先生が、社会や職場をもっと知ることが大事だと思います。障がい者の進路や就職に大きな影響を与えるのは、なんといっても「親」と「先生」だからです。

でも、学校の先生の多くは、いわゆる民間企業で働いた経験がありません。なので、いまひとつ会社での仕事や、働き方にピンときていない方が多いようです。

すると、先ほどの「頭を下げて障がい者を入れてもらう」という従来型の就労支援に留まってしまいます。その先には、製造業の現場での単純作業といった仕事が待っていることでしょう。

もちろん、これを否定するつもりはありません。でも、これは僕が考える「障がい者の強みを活かす」就労とは、ほど遠いです。

**障がい者は、個々の強みに目を向ければ、製造業の現場以外にも、いろんな業種、業態で働くことができます。**

最近、行政関係の方と障がい者のテレワークに関するプロジェクトに関わったのですが、スカイプミーティングをもとうとしたところ、スカイプが何だかわからないし、これまでやったことがないからと、その話は流れてしまいました。

**スカイプやクラウドソーシングなどは、障がい者を含めた就労困難者の大きな味方になるツール**です。先生方も、また行政関係者も、少なくとも一般レベルで知ったり、実際に経験していないと、就労困難者の可能性まで限定されてしまいます。

教育に関わる先生方には、世の中の仕事を知るとともに、インターネットについても、もっと知ってほしいです。

# 3章
# ちょっと変わった僕の生い立ち
## 仕事の原点

## 九州男児で医者の父、それを支える母

僕の父親は、九州の国立大学に勤務し、皮膚科の世界では名医と呼ばれています。

年末年始には父宛てにたくさんのお歳暮や、何百という年賀状が届いていたので、子ども心に世間から信頼されているんだなと感じていました。

が、小さいころ、僕の眼の病気について父と話したことはありませんでした。

いわゆる典型的な九州男児。せっかちで、家族に「行くぞ!」と声をかけるときには、すでにクルマに乗っているようなタイプで、どう贔屓目《ひいきめ》に見ても子煩悩《こぼんのう》ではなかったです。

家の外では大勢の人を救っているのに、自分の息子の眼は治せない。そのジレンマに、きっと苦しんだんじゃないかと思います。

またあとでくわしくお話ししますが、医者でありながら、僕の姉の死を止めることもできなかった……。

今、僕は仕事を通じて障がい者の子をもつ親御さんと毎日触れ合っているので、父の

通ってきた道や葛藤は、以前より理解できているつもりです。

対して母は、そんな九州男児の父を一歩下がって支える存在。

先ほどのクルマに乗りこんだ父の「行くぞ！」の声のときには、まだお化粧をしているような人です。でも、とてつもなく強い人でもあります。

大学生のころ、母がボソッと口にした、こんな言葉を覚えています。

「旦那が大学教授。娘は死んじゃう。息子は眼が見えない。私って強いよね」

ほんとうにそう思います。母とは、僕が大学に進学して、佐賀の実家を離れてからよく話すようになりました。

あるとき、こんなふうに聞いたことがあります。

「僕の眼が治せるなら、治したいと思う？」

「治せるもんなら、1秒でも早く治すわよ」

即答でした。きっと僕が幼いころから、眼のことでものすごく動いてくれて、あらゆることを調べつくしてくれたんだと思います。

僕の強みや好きなことを探そうと、ピアノ、水泳、将棋、料理教室、数々のボランティア……、実にたくさんのことを経験させてくれました。

母以外にも、僕のまわりには、僕の眼を心配して、ｉＰＳ細胞に関する記事の切り抜きを持ってきてくれるような人も多いです。

でも、実は、僕自身はそんなに眼を治したいと思ったことはないんです。

仕事をする上で大事な信頼関係は、眼が見えなくてもつくれます。それに、クルマの運転もしてみたいとは思うけど、もうすぐＡＩ（人工知能）のおかげで自動運転になるだろうし……。たまに星を見てみたいなと考えたりもしますが、それもそこまで強い願望ではなく……。

ともあれ、僕の眼の病気や育て方に対するスタンスは違う両親でしたが、ふたりがケンカしている姿は見たことがありません。

## 姉の病気と死、そしてメッセージ

僕には姉がいます。正確にいえば「いました」です。

物心ついたころから、姉は遺影の中で笑っている人でした。

夕食前には3歳下の弟と一緒に、姉の仏壇にご飯とお茶をあげにいくことが日課でした。

この弟が生まれた2日後に、姉は白血病がもとで亡くなりました。

「弟は姉の生まれ変わり」と、両親はよくいっていましたが、不思議なことに母の誕生日は5月24日。弟の誕生日は5月25日。

姉の命日が5月27日で、なんと父の誕生日は5月28日と、成澤家の5月は忙しいです。

ちなみに、僕は1月3日生まれなので、若干疎外感を感じています。

今でも実家に戻ったら、まず姉の仏壇に直行します。

「お姉ちゃんが生きていたら、俊輔にどんなアドバイスをするだろうね」

これは、両親からよくされる問いかけなのですが、そのたびに、「命や人生について、どう考えているのか?」と問われているような気がします。

どんなアドバイスをくれるかわかりませんが、僕はいつも姉に守られているように感じています。

たとえば5年前の3月7日のこと。僕は突然、髄膜脳炎《ずいまくのうえん》で倒れ、それから3日間をＩＣＵで過ごしました。植物状態になるかもしれないという状況の中、4日めに目を覚まし、そのまま3週間入院。

またまたカレンダーの話で恐縮ですが、3月7日は姉の誕生日であり、僕はその日に死にかけ、そして助かったのです。

この髄膜脳炎のおかげで、僕は視覚障がいだけでなく、症候性てんかんまで患うことになってしまいました。

髄膜脳炎は激務と寝不足が続いたことも原因のひとつだったので、これを境に働き方を変えました。

くわしくは後ほど記したいと思いますが、僕がFDAの理事に就任したのは、この入院時にお見舞いに来てくださった方との会話がきっかけ……。これらを考え合わせてみるに、きっと姉は「眼のことだけをそんなに心配するんじゃないよ」と伝えたかったんじゃないかと思います。

眼のことなんて、小さなこと。

もっと大きな、その先のこと。

もっとすごい、これからのこと。

「そのために生きろよ」とアドバイスされている。そんな気がします。

# 嫌いな言葉は「花火」

僕の眼の病気が発覚したのは、庭で家族と花火をしているときでした。

母が「火が消えた花火はバケツに入れてね」といって、僕はバケツがどこにあるかわからなかったそうです。

「もしかしてこの子は見えていないんじゃないか？」

何度も聞かされたエピソードですが、僕自身は3歳だったので覚えていません。が、このときの両親の気持ちを思うと、今もグッとくるものがあります。

大人になった今、僕は花火があまり好きではありません。言葉としても好きじゃないですし、近くで花火大会がある日は正直、憂うつです。

嫌いな言葉というと、僕の「網膜色素変性症」という病名は「色変《しきへん》」と略されることがあるのですが、そういわれるのも嫌いです。

自分の口で病名をいうときには、一度たりとも略したことはありません。ドクターなどに略されると、自分の人生や病気を軽くみられている気がしてしまいます。

大学時代の話ですが、すぐに診断書が必要だったので、担当医ではなく、近くの病院の医者を訪ねました。そのときにいわれた「典型的な色変だね」という言葉は、今でも忘れられません。

「典型的って何だよ！」と、ずいぶん前の話なのに「チッ」となります（笑）。

ちなみに、このドクターは「将来はマッサージの仕事だね」と……。

こんなふうに周りから将来を決めつけられてしまう理不尽さや悔しさを体験していることも、今のＦＤＡの仕事につながっているのかもしれません。

## サングラスをかけた小学生

そのドクターも、ずいぶんズバズバいってくれましたが、子どもというのも残酷です。

網膜色素変性症は、明るいところでまぶしさを感じやすいので、僕は小学2年生からサングラスをかけて生活していました。

そのころ、よく僕に向けられた言葉が「グラサン」。嫌いな言葉シリーズでいえば、これがいちばん嫌いかもしれません。ほかにも「丹波哲郎」とか「タモリ」とか、まあいいたい放題いわれました。

そのころは身体も小さく、背の順は前から3番目くらい。白い体育着でサングラスをして前の方に立っていれば、そりゃ目立ちます。だから、運動会も嫌だったのを覚えています。

思い返せば、軽くイジメられていました。モノを隠されることや、上履きを盗られることも多かったような気がします。それは眼が見えないからというよりは、たぶん「人と違ったから」です。

僕は幼稚園の年少から年長までを、父の仕事の関係でアメリカのミシガン州で過ごしています。アメリカでは不思議とイジメられたり、嫌だった経験はゼロでした。よく覚えているのは、ボランティアやハロウィンのイベント。今、プレゼンやコミュニケーションが得意なのは、このころの経験がベースになっているのではないかな。

日本に戻るときに盲学校に入るかどうかの家族会議があったらしいですが、まだ少し眼が見えていたことと、広い世界で生きてほしいという親の希望で、普通校へ進学しました。

以来、慣れと経験と勘とキャラで乗り切ってきたつもりですが、どうしても、みんなと一体感や、達成感を味わいにくい環境でした。

小学校時代は、自分の病名は聞かされずに過ごしました。毎学期、定期的に通院はしていましたが、クラスメイト全員がそうしているんだろうと勝手に思い込んでいました。

自分がサングラスをかけることに関しても、背が高いとか、太っているといった特徴と同じようにしか感じていなかったので、「グラサン」と呼ばれることに傷つきつつも、きちんと真面目にかけていました。

ちなみに、小学校生活の後半からは「遮光眼鏡《しゃこうめがね》」といって、強い日光の下だとジワーッと黒に変色、室内に入ると色が薄くなるという特殊なサングラスをかけていました。

中学に入ってからは、このサングラスで塾にも通うようになりました。

が、さすがに真っ黒の状態で仲間と接するのは面倒な話になりそうだったので、塾のとなりのコンビニに立ち寄り、サングラスの色を戻してから教室に行くという作戦をくり返していました。

## 押し入れで見つけた「俊輔の眼のノート」

僕の眼は視力も低いですが、見える範囲が極めて小さく、しかも角度によって見え方が変わります。説明が難しいですが、黒い紙に丸い穴を開け、向こうを見ている感じといったら近いでしょうか。丸もひとつではなく、いくつかあるんです。

両眼で見える角度が、僕の場合は5度以内。その5度の中の情報の95%は見えない。そんな状態です。

丸の中の見え方も、年齢とともに面積が狭まってきました。今は、その小さな丸からもモノは見えず、光を感じる程度です。やがて、その光も完全に見えなくなる。これが僕の眼の病気です。

進行に関していえば、小学生のころの視野は1メートル離れてサッカーボール1個分くらい。なので、ぎりぎり自転車には乗れていました。

中学、高校ではソフトボール1個分。大学になると500円玉程度になりました。

中学のときは、キャッチボールくらいのことは勘で何とかできました。カラオケの字幕も、顔の角度を工夫すれば読めていました。

そんな中学時代に、ふと見つけたものがあります。姉の仏壇やエアロバイクなんかも置いてある部屋でのこと。押し入れの中の棚に、どこにでもある大学ノートを発見しました。表紙に母の字で「俊輔の眼のノート」とありました。

中身はほとんど記憶していませんが、検査結果や病院でもらった写真などがたくさんはさまっていました。

今思えば、母は自分が死んだあとのことも見越して、できる限りの情報を集めて病気を理解し、僕の強みを探したり、伸ばしたりすることに一生懸命だったと思います。

〝未来〟のために動いてくれた母。

一方、父は不器用ながらも〝現在〟のために動いてくれていました。

父とは眼の話はしませんでしたが、よくサッカーや野球を観に連れて行ってくれました。部活ができない僕の無念さを、わかってくれていたのでしょう。

## 健常者と思われたがゆえのビターな想い出

青春時代に男子の話題の中心となるものといえば、「部活」「マンガ」「ゲーム」。そのすべてが視力を要するものです。

見えない僕は、いつも蚊帳《かや》の外。唯一「たまごっちブーム」のときは楽しめましたが。あの小さな画面なら、当時は僕の眼でも見ることができたんです。

うれしかった想い出といえば、中2のころ、コンタクトレンズとの出逢いがありました。サングラス機能つきの優れもので、これを装着することで、見える部分の視力は0・7まで回復しました（あくまで穴の中の小さな面積が、です）。

眼鏡やサングラスのフレームに邪魔されない自分の素顔を見たのは、このときがはじめてでした。

しかし、コンタクトをつけて見た目が健常者と同じになった分、周囲の誤解を招きやすくなってしまいました。

あるとき道を歩いていたら、正面からクルマが走ってきました。そしていったん通り過ぎてまた戻ってくると、ウィンドウを下ろして「今、おまえガン飛ばしたろ!?」といわれました。

その方は地域の指導員のような立場の方だったのですが、そのまま中学校に連れていかれ、先生に報告されました。

先生は、僕が意図的にそんなことをするはずはないと理解し、守ってくれました。

ちょっとビターな想い出ですが、これは数ある中のひとつ。似たようなエピソードは、ほかにも星の数ほどあります。

## 苦労して優等生をキープ

中学を卒業すると、僕は普通高校に進みました。そこは県内一の進学校でした。

部活ができない僕にとって、勉強は支えでしたし、先生に気に入られなければ学校という場で生きていくのが難しかったので、優等生の道を歩むのは必然でした。

たとえば、ほかの皆がやらないような役割があったら、率先して手を挙げて先生との距離を縮めました。

なんとか優等生で通っていましたが、授業時間の苦労は絶えませんでした。

遠近感に乏しい僕は、まず黒板に字を上手に書けません。黒板の前に立つと、字が目に入らないのです。どうするかというと、身体をのけぞらせて書きます。

ほとんどの子にとって楽しみである席替えも、僕はクジを引けません。教壇の前が定位置。となりに好きな子が来るのを、ひたすら心待ちにする日々でした。

ちなみに、実際にとなりになったことは、学生時代を通じて一度もなかったです（笑）。


いちばん苦手な教科は国語です。好き、嫌いではなく、単に文章を読むのが大変という理由からです。

僕は視野が極めてせまいので、教科書にある物語の1行を上から下まで読んだら、次に読むべき行の出だしがわからない！　そこで迷子になるし、次の行の出だしを探すのに一苦労。僕にとって〝読む〟という行為は、なかなか高い壁なんです。

ゆえに、テストも僕にとってはすべてが難関試験。「下線1の文章について……」といわれても、その下線部分を探すことに異常に時間がかかってしまいます。だから、大学受験を意識しはじめる高3のころからは、ほかのクラスメイトとは別室で、制限時間も1・3倍にしてもらってテストを受けていました。

テストといえば、プリントが前の席からまわってくるのも苦手。探す姿を見せるのもかっこ悪いし、「どこ見てんの？」と指摘されるのも嫌なので、まわってきた気配が前の席からしたら両手で「バン！」とはさんでいました。

消しゴムを落とそうものなら、誰かが拾ってくれないかぎり、それは永遠の別れを意味します。学生時代を通じて累計100個くらいなくしたかもしれません。

そんなこんなの数々の壁を、時間をかけたり、工夫したり、猛勉強したりで、何とか乗り越え、テストの点数はずっとキープしていました。

何だかんだで、すごく負けず嫌いなんだと思います。

## 人生ではじめて眼のことを自分から伝える

人生ではじめて眼の病気についてクラスメイトに説明したのは、高校2年生のときです。忘れもしない修学旅行の前日でした。

はじめて行く場所では、お風呂も入れないですし、暗い道や知らない道も歩けません。そこで担任の先生に相談をし、クラスメイトの前で話をさせてもらいました。

一日が終わろうとしていた終礼時に、教壇の前に出て「自分はこういった病気で眼が見えていません。これも、あれもできません。こういうことも難しいです」と正直に伝えました。

思えば、これが生まれてはじめて自分から人に「助けてください」「手伝ってくださ い」と頼った経験です。

クラスメイトの反応は、「へぇ、そうなんだ」という感じでした。進学校にある特有の空気感というか、友人関係もつかず離れずといった感じだったので、良くも悪くも大きな反響を呼ぶことはありませんでした。

その修学旅行の行き先は北海道で、メインの行事はスキー。僕は真っ白な風景は苦手で何も見えず、リフトにも乗れず、雪が平面に見えるので凸凹もわからず……。「二度とスキーはしないぞ」と心に誓いました（笑）。

その後、文集を通じて、今度は学校全体に眼の病気のことを発信しました。

僕は部活ができないので、代わりに生徒会活動をしていたのですが、学園祭で発行する文集の自由投稿スペースを生徒会で埋めることになり、そこに文章を書いたのです。

タイトルは、『たった一人難病と闘う佐賀西高生』。

編集に関わる数人を除いては、誰にも告げずに載せました。文集になってはじめて目にして、驚いた人も多かったと思います。

家に当時の親友・太田君のお母さんから電話がかかってきて、「息子さん、一生懸命に生きているのね。感動しました」といわれて、母もびっくり。

当然、「なんで書いたの？」と聞かれましたが、答えは今もはっきりわかりません。

きっと、もう病を隠しきれなくなってきたという自覚や、誰かの役に立ちたいという気持ちなど、いろんなものが混じり合ってのことだったと思いますが、この発信も、自分にとっては大きなターニングポイントでした。

## 「障害者手帳」というターニングポイント

もうひとつのターニングポイントといえるのは、障害者手帳をもらった日のことです。

今でこそ、ＦＤＡの利用者さんにも障害者手帳の申請を勧めていますが、自分、というより成澤家がそれを手にするときには大きな葛藤があったと思います。

障害者手帳をもらうには、医師の診断書を持って役所へ行き、粛々と手続きをします。僕の場合、中学生のときに、信頼する担当医である高橋広《ひろし》先生が、経済的な負担を軽減できるし、生活や治療に役立つので「あった方がいい」と勧めてくれたそうです。

「……そうです」といったのは、自分が障害者手帳を持っていることを知ったのは大学時代だから。母親が内緒で取得してくれていたのです。

僕に黙って手帳を取得してくれた母の気持ちを想像すると、複雑な気持ちになります。

手帳を申請するということは、「自分の子どもは障がい者で、人の助けを借りる存在である」という烙印《らくいん》を親自身が押すことでもあるからです。一方で、高橋先生は僕にとっても、母にとっても大恩人で、心から我々のためを思って提案してくださったことも、よくわかっていました。

このように、障害者手帳取得の過程には、引き返せない道を歩むことへの覚悟が、必ずついてまわるものです。

シンプルに「医療費の助成や福祉サービスを受けられるから」という理由で持つ人ももちろんいますが、中には手に入れたあとも葛藤が続く人もいます。手帳を常に持ち歩く人と、家に置きっぱなしの人がいるのは、そういうことだと思います。

ただ、今の僕がいえることは、障害者手帳を持つことに抵抗がある気持ちもよくわかりますが、持てるならば持ったほうが、確実に可能性が広がるということです。

## 楽しかったキャンパスライフ、のち曇り

勉強は僕にとって、さまざまなハードルがありましたが「頑張れば報われる」という実

感を得られていたので、大学受験にも前向きに取り組みました。

点字を使わない視覚障がい者の大学受験には、ルーペの持ち込みが許されていて、試験時間も通常の1・3倍与えられます。マークシートから手書きへの変更も、希望があれば可能です。

僕みたいな人間はどういう人生を歩んだらいいのだろうと自問し、半ば自分探しのような想いで選んだのは、福祉学部のある大学でした。

無事に合格し、佐賀から埼玉のせんげん台へ。はじめてのひとり暮らしを始めました。

1年生から2年生にかけては、すべてが順調。思い描いていたようなキャンパスライフを楽しみました。

まず、はじめて部活をすることができました。

入ったのはサッカー部。ナイターのライトが校舎側しか照らさず、ボールを見るのは大変でしたが、プレイヤーとしてピッチに立てることに心が躍りました。

次に、はじめてバイトをすることができました。仕事は個人指導の塾講師で、その塾で担当生徒数ナンバーワンにも輝きました。視覚障がい者の僕がどうやって？　と思われるかもしれませんが、テキストが見えないからこそ、クイズ形式を取り入れたりしていたのが人気の秘密です。

そして、はじめて恋人ができました。〝不二家のペコちゃん〟のような、小さく元気で可愛らしい人でした。家族とも友だちとも違う、自分を気にかけてくれる存在を、とても愛おしく感じたものです。

一方で、福祉を学べば学ぶほど、だんだんとモヤモヤした思いが増していきました。健常者の先生が「障がい者とは……」などと決めつけるように話すことに耐えられなくなってきたのです。

学生も、僕以外はみんな健常者です。障がい者が障がい者を支援するのは難しいというのがまるで定説のように語られていましたが、「障がい者の人生の困難さは、僕がいちばん知っている」、そんなふうに思う日々が続きました。

そんな最中に、ある出来事が起こります。

当時、買い物や掃除を手伝ってもらうために、住んでいたアパートに週1でヘルパーさんに来てもらっていたのですが、僕が家にいたとき、ヘルパーさんに電話がかかってきたことがありました。

ヘルパーさんは電話に出ると、相手に「今ちょっと障がい者のケアをしているのでゴメンナサイ」といいました。

これには大変なショックを受けました。

キャンパスライフを謳歌《おうか》して、自分は障がい者というくくりから自由になった気でいたのに、「あなたは障がい者なんですよ」と念押しされたような、閉じていた傷口をこじ開けられたような気持ちになりました。

同じころ、大学のカリキュラムの一環で、社会福祉士として実習に行きました。そこで子どもに「福祉って何？」と聞かれて、とっさに、

「みんながよりよく生きるためのものだよ。幸せになるためのものだよ」

と答えたものの、自身のやっていることが何なのか、納得いく説明ができませんでした。

そんな自分にも腹が立ちました。

別の実習では、はじめて障害者手帳の手続きにも同行しました。

知的障がいの男の子と、その両親に、カウンセラーが「何級ですよ」と説明する場面に立ち会わせてもらったときにも、考え込んでしまいました。

両親はいったいどんな気持ちだろう？　今日このあとの時間を、どう過ごすのだろう？

このことの意味を、いつ息子に話すのだろう？

自分自身の体験がフラッシュバックして、涙が出るほど心が揺れたし、福祉自体が、人に烙印を押すような仕事に見えてしまいました。

「この仕事はできないな」

障がい者が生きていくには福祉の勉強が不可欠だと思って上京してきたのに、少しずつ気持ちに変化が生まれてきました。

## 親にも友だちにも恋人にも嘘をつき、引きこもった2年

ここまでずっと優等生できたのに、得意だった勉強にもかげりが見えてきました。

言い訳になりますが、大学の教科の中でも、医学や生物関係は僕にとって特に難しいものでした。人体の箇所を線で示されても、僕の視力では、それがどこを指しているのか、もはやぜんぜんわからなくなっていたのです。

結果、大学の成績で初の「不可」がつきました。はじめて経験する勉強での挫折です。誰よりも努力することで優等生を貫いてきたのに、努力だけではどうにもならないところにぶち当たってしまいました。

これが、2年間の引きこもり生活の始まりとなりました。

親にも、友だちにも、恋人にもバレないように大学を休み続けました。

佐賀から親が来たときは、その一日をファストフード店などで過ごして登校したふりを装い、たまの母との電話では、嘘で固められたキャンパスライフを報告していました。

当時付き合っていたのは人生で2人目の彼女ですが、同じ学校ではなかったことと、少し離れた場所に住んでいたのが幸いし、「今日は授業が早く終わった」とか「明日は授業がない」とか言い続けて乗り切りました。

一部のクラスメイトだけが、この不登校に気づいていました。ときどき、心配して部屋を訪ねてくれる友人もいましたが、出ていく勇気はありませんでした。

昼はなるべく外出せず、夜も眼が見えないから、ほとんど出歩かず……。

気づけば2年という歳月が過ぎようとしていました。

2年という時間は、決して短いものではありません。でも、それまでの価値観を根っこから否定された僕は、大げさにいえば精神的に一度死んだような状態でした。今から思えば、そこから自分を立て直すのに、それだけの時間が必要だったのだと思います。

表向きには、僕は大学に通い続けていることになっていたので、いちばん困ったのが国家試験のときです。お守りをもらったり、激励の電話を何人もからもらい、心はより一層苦しくなりました。

耐えきれず、国家試験の終了時間に、とうとう一斉メールを送りました。親、恋人、友人、すべての人たちへ――「件名：裏切ってごめんなさい」

母からすぐに電話がかかってきました。「あんた大丈夫ね？」

父からも連絡がありました。「俊輔もスーパーマンじゃなかったんだな」と。

この言葉にはほんとうに救われました。

メールを送った直後は恥ずかしくて消えてしまいたい想いでいっぱいでしたが、同時に、深い愛情をもって育ててもらっていたことを確認できた出来事でした。

今は、自信をもっていえます。この経験があったからこそ、今の仕事ができていると。福祉の勉強にはつまずいたけれど、講義では決して得られない学びを得ることができました。

## インターンのはずが、どっぷり仕事にのめり込む

いったん整理すると、大学に入学して最初の1年半は真面目に登校し、はじめて勉強で不可を取ったのが2年の夏。大学3～4年をほとんど引きこもってすごし、ここからのお話は復学した5～6年時のことです。

心機一転、大学に通いはじめた僕は、勉強に加えインターンシップを始めます。

きっかけは、障がいをもつ大学生たちの交流会でした。僕がそのパーティで楽しそうに話していた姿を、全盲ですでに銀座のベンチャー企業で働いていた小林千恵さんが気に留めてくださって、「私の会社に遊びに来ない？」と声をかけてくれたのです。

その後、銀座一丁目にあった彼女の職場を訪ねました。

当時、創業5年くらいのベンチャー企業で、社名は「ジェイブレイン」といいました。

ところが、出てきたのは小林さんではなく幹部と社長。

「インターンシップに来ない？」と、いきなり誘われビックリしたのですが、いいチャン

スだと思い、「はい！」と即答しました。

ジェイブレインの主な事業は、会社の役員になるような人材の企業への紹介などで、約30名の社員が毎日忙しく働いていました。

ほかにも企業に向けた障がい者雇用の提案も行っており、そういった業務を行うメンバーは、この会社では〝コンサルタント〟と呼ばれていました。

インターンシップでは、まずテレアポの仕事から始めました。企業へ電話をかけ、ジェイブレインから人材（障がい者）を採用しませんかとお願いや提案をするという業務内容です。

インターンシップとはいえ、社員と変わらない仕事をさせてもらい、やりがいを感じました。電話をかける先のリストづくりを両親に手伝ってもらったこともあります。

数か月後には、電話のみならずお客さまである企業を実際に訪問し、名刺を渡してご挨拶するということをやらせてもらえるようになりました。

このジェイブレインという会社は、目に見える結果を求められる社風で、1週間の始めの会議で部署の数字と個人の成績が発表されます。僕はそれまでの人生で、チームの一員として結果を求められることがないに等しかったので、緊張感と「自分は期待されている」という気持ちが入り混じり、最高にエキサイティングな日々を過ごしていました。

インターンでありながら、お給料もいただいていました。いわばアルバイトのような存在です。成約が成績となり、与えられた売り上げ目標は月に500～1000万。そのうち、一般企業の初任給くらいの額をいただけるようになりました。ボーナスは茶封筒に入った現金でくれるのです。いやはや、ワイルドな会社でした。

この時期の上司は後藤一《はじめ》さんという方で、ご両親が全盲でした。鬼と侍を足して2で割ったような厳しい人でしたが、自分以外のために何かをすることや、目標を達成して褒められることなど、仕事の醍醐味を後藤さんの下で味わえたことは、ほんとうに好運でした。

このジェイブレインで体験させてもらった、障がい者雇用を企業に勧めるコンサルティング業務は、僕にとってとりわけ楽しいものでした。成約後は「これで障がい者の雇用がひとり増える！」と誇らしく思えたものです。

この喜びが、僕の今日の仕事にダイレクトにつながっています。

また、この仕事で特別新人賞をいただいたことも、「僕の進むべき道は、これだ！」と決定づけてくれた出来事でした。

## 経営者の孤独と、自分の孤独がひとつに重なる

このころは、大学のそばから引っ越して、もんじゃ焼きのお店が立ち並ぶ、東京の月島に住んでいました。月島は銀座から徒歩圏内です。

叔母が近くに住んでいたことと、この時点で生活の中心だったジェイブレインの会社が銀座一丁目だったので、電車で一本という利便性を考えてのことでした。

インターンの仕事は月曜から金曜まで、そしてだいたいいつも始発から終電まで。自分でも驚くほどのめり込みました。

心を入れ替えて復学したものの、学業にエネルギーを注いでいるとは言い難く、むしろインターンの仕事にせっせと精を出し、その後も留年すること2回……。さすがに温厚な母もキレそうになっていましたが、7年かかって、無事に大学を卒業しました。

学業そっちのけで、ここまで仕事に打ち込んでしまったのには理由があります。

営業で外をまわる中でたくさんの経営者と出逢い、語り合い、別れ際にこんな言葉をか

けていただくことがよくあったからです。

「成澤さん、またじっくり話そうよ。また会いに来てよ」

自分を必要としてくれる人がいる。ビジネスの世界に、居場所を見つけた気がしました。

数年前までは「自分と同じ障がい者のために生きていこう」と考えていたのが、大学生活の後半戦を経て「経営者のために生きていこう」へとシフトしていったのです。

「経営者は孤独」とは、よくいわれることです。

実際に話をしてみて、ほんとうにそう思いました。

障がい者として自分が経験してきた孤独。この仕事を通じて経営者から感じた孤独。

このふたつが僕の中で重なり合い、響き合い、就くべき職業が見えてきた。そんな感覚がありました。

なので、就職活動も一応はしましたが、結局、インターン生から正社員にスライドする形でジェイブレインに入社させてもらいました。

ここからは〝新米〟ということで、資料のコピーやお茶出しなど、雑務全般にも積極的に関わるようになりました。

同期は7人。僕は相変わらずの負けん気で「いちばんになりたい、頼りたくない」という気持ちで働いていました。人に何かを「手伝って」といった記憶はありません。

社会人生活は順調なすべり出しでした。自分自身、そう信じて疑わなかったのですが、こうした全力疾走の毎日と、周囲に頼らないやり方がいけなかったのか、ある日、僕は過労で倒れてしまいます。

その日の朝、僕はベッドからどうしても起き上がれなくなってしまいました。なんとか起き上がれるようになって内科を受診すると、「精神科へ行って」といわれ精神科へ。診断結果は「うつ病」でした。

数日休みをもらって実家へ戻り、信頼する主治医、高橋先生を訪ねると、「眼が見えない状態で仕事をする準備ができていないということだよ」といわれました。

オーバーワークのせいだけではなく、メンタル面も多分に影響していたのです。

インターンとしてそこそこ実績を出していたので、自信もあったし、まだまだやれると自分では思っていたのですが、いやいや甘かったです。

たしかに、インターン時代とは責任やストレスに圧倒的な違いがありました。それがこの病の引き金となったようです。その後、間もなくジェイブレインを辞めてしまいました。

正社員として入社してから、ほんの4か月後の話です。

実に情けなく、不甲斐ない……。

まさかこんなことになるなんて、微塵《みじん》も思っていませんでした。

でも、このことも今の僕には財産といえます。正社員として働くことの大変さや、アルバイトやインターンから正社員にステップアップするときに生じるギャップやプレッシャーを身をもって体験し、心身を壊してしまったことは、ＦＤＡの利用者さんにアドバイスするときに間違いなく役立っています。

それだけではありません。この章でお伝えしてきた僕の幼少期から小・中・高・大学、引きこもり時代も含めた経験は、すべて今の仕事に活きています。

そうなんです。ＦＤＡの仕事は、すべて僕が通ってきた〝道〟の上にあるんです。

だから、これでいいんだと思います。

人生なかなか遠まわりもしたし、苦しかったりしたけれど、就労困難者を全方位から支援するためには貴重な経験だったと、今はとらえています。

## 独立を経て、FDAの理事長に

さて、ここで僕がＦＤＡの理事長になった経緯をお話しさせてください。

ジェイブレインに正社員として入社してから4か月、うつ病にかかり辞めてしまった僕は〝独立〟という形で社会復帰を果たしました。

個人事業主として新宿に事務所を構え、講演、イベント企画、セミナー、コンサルティングを主軸としたサービスをやっていこうとチャレンジしてみたのですが、会社組織や看板（ブランド）がないと、こんなに違うものかと痛感しました。

何事もジェイブレインにいたときのようにはいかなかったし、いきなり講演で食べていこうとしても難しいということがわかりました。

そのころ出逢ったのが、株式会社アイエスエフネットの専務取締役、杉岡和彦さんです。

杉岡さんは、フリーランスという立場で悪戦苦闘している僕に、「いつまでひとりでやるつもり？」と声をかけてくださいました。

アイエスエフネットグループにはそのころ、障がい者、就労困難者の就職をサポートするＦＤＡ（フューチャー・ドリーム・アチーブメント）というＮＰＯ法人がありました。僕は杉岡さんのお誘いを受ける形で、ＦＤＡの事務局長に就任しました。

……といっても、当時は専任の職員がひとりいるかいないかの状態。あとはアルバイトとパートさんが数名いるという組織。

加えて、大赤字。この立て直しが僕のミッションでした。しかも、アルバイト・パートのみならず、業務委託していたメンバーやボランティアスタッフも全員正社員化して昇給させよというお達し付き。

結論からいえば、僕はこれを約半年で達成しました。要因は、チームづくりに集中したことに尽きると思います。

独立してひとりでビジネスをやってみて、うまくいかなかった反動もあって、とにかくスタッフを認めたり、褒めたり、意欲が上がることをどんどんやりました。

そんな折、２０１３年3月7日、僕は再び倒れます。何の前兆もなし。朝起きようとしたものの起き上がれず救急車を呼び、病院に運ばれると、そのまま3日間意識不明となりました。髄膜脳炎でした。佐賀から両親が呼び寄せられたくらい危険な状態でした。

落ち着いたころ、杉岡専務がお見舞いに来てくださいました。アイエスエフネット社長の渡邉幸義《わたなべゆきよし》さんもご一緒でした。

僕は危機を脱し、ようやく面会OKになったところでした。

杉岡専務は、僕を心配して、これからは少し仕事を控えるようにとおっしゃいました。が、渡邉社長は「彼の処方箋は仕事なんだから、好きにさせなさい」といってくださいました。

退院後、少しして僕はFDAの理事に就任します。2013年の8月のことです。

さらに3年後の2016年8月、理事長となり、今に至ります。

こうして振り返ると、あらためて、ひとつひとつの出来事に必然性を感じます。

## できないことが増えて、できることも増えた

大学を卒業し、わずかに残っていた視野もほぼ失って、光しか感じられなくなったころ、僕の手の甲はボロボロになっていました。なぜかといえば、自分の手をかくクセがついて

しまったからです。鏡を見ても自分の姿がわからないから、自分の存在を確かめるために、無意識に自分で自分の手を触るようになるのです。

ここまでくると、残念ながらできないことも増えてきます。この先自分の眼は、悪くなることはあってもよくなることはないのだと思うと、わかりきったこととはいえ、気分も滅入ります。

でも、FDAで仕事をするようになってから、目の前にいる相手が笑ったり、拍手してくれたり、感謝してくださったりということが、どんどん増えていきました。そうなると、自分で自分の手を触らなくても、相手が自分の存在を教えてくれます。

いつしか、手の甲にたくさんあったかき傷は癒えていました。

そして、苦手だった「人を頼る」ということを覚えました。

自分ひとりでできないことは、誰かにお願いすればいい。**無理して頑張るより、人に「ありがとう」といおう**。とてもシンプルなことですが、僕はこれができるようになるまで、ずいぶん時間がかかってしまいました。でも、このおかげで、見えていたころよりも、できることがだいぶ増えたと感じています。

僕が好きな言葉のひとつに、立川談志《たてかわだんし》さんの「未来とは、修正できると思っている過去」というものがあります。
戻れるものなら修正したい過去の行動や言動、選択なんて山ほどあります。
でも、そんな経験を今は、全力で就労困難な人たちのために役立てるだけです。
「大丈夫」と、自分自身にも声をかける毎日です。

# 4章
# 強みは、ひとつあればいい
## 就労支援の手法〈FDAの場合〉

## 長いお付き合いになるオール・イン・ワンの支援

ＦＤＡは、大きく分けるとふたつの活動をしています。

ひとつは、就労困難者の強みを探し、**長く働き続けられる職場とつなげる**こと。

ふたつめが、働くことだけではなく、利用者の**人生そのものが豊かになるためのお手伝い**です。

就労困難者が無事に仕事に就けたとしても、それは月曜から金曜まで通う場所が見つかっただけ。土・日・祝日を持て余してしまう場合も少なくありません。

急に友だちや恋人ができるわけじゃないし、それまで引きこもり生活を送っていたような方なら、たいていは先輩・後輩とも無縁です。

ですので、ＦＤＡでは、週末や休日にたくさんのアクティビティを企画・運営しています。年間およそ50本やっているので、ほぼ毎週末、何かしらのアクティビティを用意していることになります。

アクティビティの内容は、映画鑑賞だったり、フットサルだったり、文化系から運動系まで多岐にわたります。

年間通じて好評なのは、みんなで行く〝食べ放題〟です。スイーツの食べ放題や、お肉の食べ放題などなど、親睦を深めるのにも、ストレス解消にも効くバイキングは人気で、僕も大好きです。

こういった〝週末問題〟のほかにも、僕たちＦＤＡは、就労困難な人たちが困りがちなことを、次の４つの段階に分けて一緒に解決していきます。


まずひとつめが、**「生活リズムをつくる」**。

「そんな基本的なこと？」と思われるかもしれませんが、生活リズムが自分でつくれない人はほんとうに多い！

社会復帰に向けたトレーニングも、就職活動も、これがないと始まりません。

これには、起きる、食事をする、お風呂に入る、寝る、といった日々のセルフケアがとにかく大事。ＦＤＡでは、生活記録をつけてもらったり、こまめな声かけをするなど、まずそのお手伝いをするところから始めます。そうした規則正しい生活が習慣になってくると、おのずと「一日の活動に耐えられる体力」もついてきます。

ふたつめは、**「どんな業務が合っているかを探す」**。

ＦＤＡ内には、パートナー企業からアウトソーシングされた、さまざまな種類の〝お仕事トレーニング〟が用意されています。それらをくり返す中で、それぞれの適性を見出していきます。

３つめは、**「会社選び」**。

自分に合った業務がわかってきたら、今度は社風や通勤距離、上司の指導方法、通院する場合の休みのとりやすさなどを考慮しながら、会社を探します。人材紹介会社を通したり、パートナー企業に社外トレーニングに出向いたり、いろいろな会社に行ってみて検討します。ここまでは、ほかの就労支援施設と同じですが、僕たちＦＤＡの特徴は、提携しているパートナー企業がたくさんあること。

ＦＤＡの活動や理念に賛同してくださっているそれらの企業が、多くの場合、ＦＤＡ利用者のリアルな就職先になります。

4つめは、「**定着支援**」。

無事に就職先が見つかったら、今度はそこで長く働けるように、利用者と、利用者を受け入れてくださった企業側のサポートをします。これが、長く安心して働いてもらえるカギになります。

本来なら、生活リズムを整えることはデイケアの仕事です。職業トレーニングは職業訓練所の仕事ですし、仕事を探すというのも、ハローワークにお任せするのが一般的。ですがFDAは、就労困難者が必要なサービスを、まるっと1か所で提供する、オール・イン・ワンの施設なんです。

ゆえに、就労困難な方と、その親御さんが相談に来てくださったら、そこからのお付き合いは相当長く、濃いものになっていきます。

## どんな人が、どんな理由でやってくるか

そんな僕たちFDAにはじめてご連絡、ご相談をくださる人たちは、大きく次の3つのパターンに分かれます。

ひとつめは、**就労困難者であるご本人**からのコンタクト。

これは、圧倒的にネット検索でたどり着く場合が多いです。

多くはそれまで、普通に企業で働いていた方々です。男女は問わずという感じですが、共通するのは、職場の人間関係や激務から心身を壊し、次第に引きこもりがちになってしまって、次の仕事を自力で見つけるのが難しい状況であることです。

ふたつめは、**就労困難者のご家族**からご連絡いただく場合。

これは親御さん同士の口コミや、僕の講演を聞いてくださったり、また、病院のソーシャルワーカーがFDAを紹介したことがきっかけだったりします。それから、テレビや

雑誌などのメディアを見て、僕に会いに来てくださる方もいます。

３つめは、**専門機関を通じて**ご連絡いただく場合。

病院の精神科や、役所のケースワーカーさん、また進路を担当する学校の先生からご連絡いただくこともあります。

どんな形でご連絡をいただいたとしても、最初の接点の段階でまず心がけているのは「安心してもらうこと」です。

たとえば、ご家族が僕の講演で「大丈夫。どんな人も１００％就労できますよ」という言葉を聞いて、数日後にお子さんを連れてＦＤＡに来てくださったとします。

ほとんどの場合、そのお子さんは、連れて来られたことに怒っているか、もしくは怯《おび》えているかです。

僕は、そこで親御さんに「大丈夫。仕事っていくらでもありますから。何ができるかは親御さんではなく僕たちが見つけます。今日は安心感だけ持ち帰ってください」と伝えます。

というのも、こういう親御さんは、その日まで子どもに十分過ぎるほど積極的に関わってきて、子どもからウザがられていることが多いんです（笑）。

でも、ここで親が少しでもわが子の将来に安心し、子どもに対するガミガミが減れば、ウザがられる度合いも減りますし、親子の関係がちょっとだけ改善します。

帰り際には、お子さんにこう伝えます。

「親がウザいなと思ったら、いつでも連絡ちょうだいね」

すると、たいていの子は『ん？　この人は味方に成り得るかも』と思ってくれるのか、少しずつ心を開いてくれます。


ＦＤＡは、企業に向けてのコンサルティングも行っています。

相談されるのは、主に「障がい者雇用について」。

制度や法律について尋ねられることもありますし、実際に雇用した障がいのあるスタッフに関して「任せる仕事がない」「どう仕事を切り出していいかわからない」「戦力になってもらうためにはどうすれば？」といった内容も多いです。


**仕事の切り出し方は、実は無限にあります。**社内の各部署にヒアリングすれば、データ入力やスキャニング、音源のテキスト化や資料の整理、郵便物の封入、発送などなど、どんどん出てきます。

また、社長や人事部は障がい者雇用の重要性を理解していても、受け入れる現場のリーダーが理解していない場合が多々あります。そういった人たちに、その重要性やコミュニケーションの仕方を「研修」という形でお教えするのも、僕たちのコンサルティング業務の中で、大事な仕事です。

## 「清掃」「印刷」「一般事務」以外にもこんなに仕事がある

ＦＤＡと同じように就労困難者をサポートするＮＰＯや民間企業は、日本全国に約３０００法人あるといわれています。その法人によって運営されている職業訓練施設は、全部合わせると約２万拠点になります。

そして、そういった施設に通う就労困難者は、およそ40万人。

そういった施設の仕事はパンやクッキーの工場、あるいは革細工や、筆記用具の組み立てなど、製造ラインに立っての単純作業が多くなりがちです。あとはビル清掃の仕事もよくあります。

このような職場は、障がい者の親や、もともとは教師だった方が運営されていることも多く、「働ける場所があるだけでも幸せ」と、親御さんたちはよく口にされます。

日本で続いてきた、こういった障がい者をとりまく職の状況を、僕は悪いとは思いません。

でも、僕たちFDAでは、**障がい者の仕事や働き方の幅を、これまで以上に広げる**チャレンジをしていきたいと考えました。語弊があるかもしれませんが、雇用主に頭を下げて「どうか雇ってください」とお願いするのを止める勇気をもとうと決めました。

FDAと提携しているパートナー企業の数々は、僕の理念と活動に興味をもってくださった経営者の〝共感〟から成っています。その方々の仲間の経営者が、また賛同して就労困難者を積極的に雇ってくださるというネットワークもできていて、その数は現在、10都道府県に計50か所以上あります。

そんな間柄ですから、FDA利用者も僕も、企業側に頭を下げて「入れてください」とお願いする必要はありません。むしろ**利用者が企業を選ぶ**環境になっています。

そして僕らはモノづくりの現場のみならず、多くのＩＴ関連企業を就職先・トレーニング先としてそろえています。パソコンを使う業務がある職業訓練施設は、まだまだ少ないと思います。

引きこもりの人たちの多くはゲームやパソコンが得意です。そういった人たちが就労を目指す際、製造ラインに立つよりも、パソコンの前でネット上での企業の評判や口コミの監視業務をする方が断然向いています。

パソコン関連でいえば、これ以外にも、名刺のデータ入力や、パソコンのキッティング（組み立て）、動画の編集なども、定番の仕事としてお勧めしています。

また、引きこもりの方でも、パソコンよりアニメや漫画により強い興味がある場合は、中古ＣＤやレコード、古本のスキャンや洗浄という仕事を任せたりします。すると、たまに自分の好きなＣＤや本に出くわすことでモチベーションが上がるようで、次第に仕事にのめり込んでいくのも、よく目にする光景です。

ほかにも、洗車や、お団子の販売など、僕たちが紹介できる、または一緒に訓練できる仕事や職場は今も増え続けています。

**パソコンを使いたいか、使いたくないか？**
**マニュアルがある仕事か、臨機応変な仕事か？**
**ひとりで働きたいか、それともチームとして働きたいか？**

仕事はこの6種類の掛け合わせの中から選んでいきます。

うれしいのは、トレーニングを通して、はじめてチームで働く喜びを知る利用者がいること。たとえば、15名くらいでフリーペーパーの折り込み作業を一緒にやり、終わったら皆で喜びを分かち合うという達成感がクセになったという声は、過去にも多くありました。

## 就労のための3ステップ

ここからは、ＦＤＡに相談に来てくださった方とそのご家族が、就労までに実際に歩んでいくステップを、３段階に分けてお伝えしたいと思います。

中には、ご自宅で取り入れられることもあると思います。

「これは真似できそう」と感じたら、どうか今日からでも実践してみてください。

まず、引きこもっている人に必要なのは「**出かけるところをつくる**」ことです。

最初のステップとして、「病院」「役所」「コンビニ」以外の出かける場所をつくることから始めましょう。

となると、頭に浮かぶのは「図書館」でしょうか。悪くないアイディアではありますが、ベストとはいえません。いちばんお勧めしたいのは「**就労支援施設**」です。

働いていないと、どうしても褒められる機会や、誰かに存在を認めてもらう機会が少なくなります。そういう機会を、実は心のどこかで毎日探していると思います。それが得られる可能性が高い場所、それが就労支援施設です。

FDAも、そういった施設にあたりますので、まさに「出かけるところ」としては打ってつけの場所です。

**通う頻度は、本人の体調に合わせてでいい**と思います。

月に1回でも、週に1回でも、まずは〝出かけるを始める〟ことが大事!

できれば、スーツに着替えて出かけられると、なおいいですね。それだけで、見守るご家族の気分も晴れやかになります。

こんなことがありました。

あるご家庭に引きこもりの相談を受けにうかがったときのこと。

そのお宅の息子さんは強迫神経症で、毎日6時間くらいお風呂に入ってしまうのですが、僕が訪れたタイミングも、風呂場に立てこもり状態。

お父さまが「成澤さんが来たんだから少しは出てきて話せよ」と促したものの、初対面だったこともあり、なかなかコミュニケーションのハードルが高かったことを覚えています。

ご両親から聞いたところによると、水曜日の夜になると、息子さんは必ずどこかに出かけるのだそうです。「いったいどこへ行っているのか、何の目的なのかもサッパリなんですよね」と、不思議な顔をされていました。

さすがに僕も『今日は直接お話しするのは無理かな……』と思い、失礼しようとしたところ、息子さんが出てきてくれて、僕にボソッとこういいました。

「オレ……水曜の夜は働いている。工事現場で働いて、そのあとマックとＴＳＵＴＡＹＡに行くのが決まりなんだ」

家族にいっても認めてもらえないだろうし、嘘をついていると思われるのが嫌で、そのことを伝えていなかっただけだと。

僕はめちゃくちゃうれしくなりました。そして、ご両親にいいました。

「これから水曜日の夜に息子さんが出かけるときは、どうか『いってらっしゃい』と声をかけてくださいね」

あなたのお子さんも、そうかもしれません。

謎の外出をしていても、それを疑ったり、「どうせロクなことを……」なんてネガティブな方向に考えないでください。この息子さんのように、ちゃんと自分で考え、自分のできる範囲で密かに行動しているのかもしれません。

僕が引きこもりの人と接するときに決めていることがあります。それは、「相手の嫌なことはやらない」です。

だから、早い段階で「君が嫌がることをしたくないから、先に君が嫌なことを教えて」と声をかけます。これだけでも、ちょっとは心を開いてくれるものです。


さて、「外出する」というステップが実現したら、次のステップに進みましょう。

ふたつめは「**今の自分にできることを探す**」です。

自分で自分の背中が見えにくいように、自分で自分の長所や短所、得意なことや不得意なことは意外とわからないし、判断しづらいものです。

僕たちＦＤＡの施設内には、パートナー企業からアウトソーシングされたさまざまな種類の〝お仕事トレーニング〟が用意されています。

アンケートの集計、テープ起こし、アクセサリーの作成、テレアポ……。さきほどもご紹介したように、マンガ好きであれば中古の書籍やCDの洗浄、パソコンを触るのが好きであればデータ入力の仕事など、選択肢はたくさんあります。

でも、本人の好き・嫌いはもちろん重要ですが、それに加えて僕らはその人が「マニュアルのある仕事の方がいいのか」「臨機応変な対応が求められる仕事の方がいいのか」という適性に目を向けて仕事を選んでもらうようにしています。その部分を掘り下げないままに仕事を決めたら、またメンタルを壊して引きこもりに逆戻り、なんてことになりかねません。

だから、ここは慎重に、時間をかけて、いろいろなタイプの仕事を経験してもらい、本当に自分の「好き」と「得意」を見つけてもらうようにしています。

そして、3つめのステップは「**自分を活かせる会社を探す**」です。

FDAの施設内で仕事を通じたトレーニングを経験したあとは、FDAのパートナー企業に出向いて、実際に就労するのに近い形で仕事をしてもらいます。

通勤の距離、上司の性別、仕事や作業を一緒にする人数の単位、大企業、中小企業、外資系などなど、選択肢が多いからこそ自分に合う働き方を追求することができます。

このステップに達した利用者によく僕は冗談っぽく、「会社に行って合わないと思ったら、一日で辞めていいからね」と伝えるのですが、実は冗談ではなくて、本気でそう思っています。

ちなみに、実際に一日で辞めた例もあります（笑）。

## 毎日自己紹介をする

僕たちＦＤＡの事業所には、毎日のように視察の方がいらっしゃいます。

来客中、僕やほかのＦＤＡ職員は、誰かれ構わず近くにいる利用者を呼んで、ランダムにそのお客さんに自己紹介をしてもらうようにしています。

ただの自己紹介とはいえ、僕は何より有効なスピーチの訓練だと考えています。やればやるほど上手になるし、上手にできると**本人の未来まで拓けていきます**。それは僕のこれまでの経験から自信をもっていえることです。

実際、ＦＤＡの利用者たちは、自己紹介がすごくうまいです。それを聞いたお客さんは、その利用者をめちゃくちゃ褒めてくれます。

褒められた経験が少ない人ほど、この瞬間は財産になります。

そして積み重ねれば積み重ねるほど、揺るぎない自信となります。


自己紹介の中には、たいてい病気や障がいについての説明が含まれているのですが、それは本人が**自分の病気や障がいを客体化**することにもつながります。

また、それを聞いた相手がその利用者に興味をもって質問が飛び出して、会話がふくらんだり盛り上がったり……なんてことに発展します。

普通は触れにくいことに、自分から触れていくことで、周りは声をかけやすくなるし、コミュニケーションが深まっていきます。まずは本人が病気や障がいを受け入れ、発信するということはとても大事なのです。

ぜひ、ＦＤＡを訪れる機会があれば、誰かの自己紹介を聞いてみてください。みんな個性が出ていて面白いし、吹き出してしまうこともよくありますよ。

たとえば、ある利用者は常に「28歳です！」と自分の年齢から元気よく自己紹介を始めます。「お見合いじゃないんだから」といつも笑って注意するのですが、本人はお気に入りのスタイルのようで、なかなか直りません（笑）。

たまたま来客のタイミングで近くにいないことが多い利用者の中には、「自分はなかなか自己紹介させてもらえない」と文句をいう人もいます。そのくらい人気のイベントというか、みんなが積極的になってくれていることが、僕はうれしいです。

## やりたいこと、やりたくないことをはっきりさせる

ＦＤＡに相談に来る方を年齢別に大きく分類してみると、不登校やいじめの経験があって就労に不安を感じていたり、知的障がいや発達障がいがあって職務経験はゼロに等しく、あっても短期のバイト程度という10～20代の人が、だいたい全体の３割くらいです。

長く引きこもっていて、親の介護や年金のことで焦りが出始める30～40代の方が、約３

割を占めます。

そして、リストラにあったり、事故に遭ったり、病気になって働けなくなった50〜60代の人たちが3割くらい。


どの世代であっても、最初から自分の特技や適性をわかっている人はほとんどいません。

それでも、僕たちFDAと関わりを持ち始めたら、就労のためのトレーニングを通して、とことん自分の強み探しを一緒にすることになります。その過程で「やりたいこと、やりたくないこと」を、ともにハッキリさせていきます。それこそが僕らのいちばん大事な仕事であり、そして中長期的に利用者を幸せに導くカギだと信じています。

その人の〝強み〟といっても、無理やり探し当てようとしたりはしません。

「あなたの強みは何ですか?」なんて聞かれても、はじめは誰も答えられるわけないです。

だから、もっと気楽に**「苦手なことは何なのか?」**という洗い出しから始めます。さらに、それは**「なぜ苦手なのか?」**という背景も、一緒になって考えていきます。

ちなみに、FDAの利用者から苦手なこととしてよく挙がるのは、ざっと次の通りです。

人と話すこと、集団行動、人に合わせること、雑談、空気を読むこと、愛想よくすること……全部やないかい！　といいたくなりますが（笑）、共通してだいたいこんな感じです。

とはいえ、その中にヒントが隠されています。たとえば仮に「掃除が苦手」という利用者がいたとします。

その理由を掘り下げていくと、彼が複数のことを同時にこなす〝マルチタスクな仕事〟が苦手ということがわかります。何かを待っている時間に何かを済ませておく、といった段取り力や、自己調整能力が求められる作業が向いていないのです。

そういう視点から掃除を見る人は少ないと思いますが、実は、ふいたところが乾く間にホウキで床をはくとか、ゴミ捨てに行った帰りにバケツに水をくんでくるなど、掃除は複数の動作が同時に絡む、極めてマルチタスクな仕事なんです。

このように、ＦＤＡでは「好きと得意」「やりたいこと、やりたくないこと」を本人と一緒に見極めていく作業をします。

つけ加えると、**苦手なことだらけでも別にいい**んです。

その苦手なことに対してどんな努力をしていくかを一緒に考え、自分の言葉で伝えられるようにトレーニングしていけば、それが利用者の将来をつくっていくことになります。

「私に〝強み〟なんてありません」という人もいますが、大いに結構です。

今強みがなくても、それをつくりたい気持ちがあれば強みはつくれますし、それ自体が立派なその人の強みです。

それでも「ない！」といわれたら、僕らはよく「周囲から褒められることは何ですか？」と聞きます。

答えが「笑顔」なら、それがその人の強みです。

考えても考えても、どうしても「ない！」というならば、「じゃあ、今後褒められたいことは何？」と聞きます。

答えが出なければ、たとえば「姿勢」なんてどうかな？と聞きます。

そういう、**実現できそうな強みをまずはひとつ思い浮かべる**。それだけで十分です。

大丈夫！

みんなこうして何かしら見出していますから！

いずれにせよ、こうして本人の強みをハッキリさせていくと、パートナー企業の方から合う仕事を提案してくれたり、つくってくれたりします。これが、僕たちＦＤＡが他施設に比べて多くの仕事を用意できている背景です。

すべては「**本人の強み**」と、「**やりたいこと、やりたくないことをはっきりさせる**」ことから始まるのです。

こういったプロセスを経ないで仕事探しをやみくもに行うと、どうなるか?

〝空きポジション〟ありきで、そこに人を当てはめるというアプローチになってしまいます。それが関わる人の幸せにつながるか?

就労困難者の場合は特に、そうはならないケースが多いです。

だから、僕は逆の発想をしました。

**強みに業務をマッチさせる**。これが、ＦＤＡの手法です。

## 「入場メール」と「退場メール」で定着支援

ＦＤＡでのトレーニングを経て、無事に就労するまでの期間は、数か月の人もいれば、2〜3年かかる人もいます。

その後、継続して勤めることができている人の割合（就職定着率）は、平成28年度は90・2％でした。その背景には、ＦＤＡが行っているさまざまな定着支援があります。

ここからは、ＦＤＡでひと通りのトレーニングが済み、社外トレーニングとしてパートナー企業に行くようになってからの支援策と、実際に障がい者を受け入れる側にできることなどをご紹介していきます。

ＦＤＡの利用者が、めでたく企業へ就職したときは、当然ながらお給料は新たに所属する会社からもらうことになります。先ほど書いたように、ＦＤＡは週末のアクティビティをはじめ、たくさんのアフターフォローをしていますが、いったんはここがＦＤＡを卒業するタイミングになります（寂しいけど喜ばしいことです）。

そのタイミングで、僕が必ず卒業生にかける言葉があります。

**「いつでも戻ってきていいよ」**です。ＦＤＡは出戻りＯＫです。

そして、もうひとつ**「何かあったら相談してね」**というものです。

これは、誰かを送り出すようなときに、何気なく口にする言葉だと思います。

でも、「何かあったら……」の何かとは何なのか？

自分でも、こんな言葉をかけておきながら、これでは漠然としていて相談しづらいだろうなと思っていました。

そこで、制度としてつくったのが「入場メール／退場メール」というルールです。

企業に就職をしたＦＤＡの元利用者が、新たな職場で仕事を始めるときと、帰宅するときに、僕たちＦＤＡスタッフにメールを送ってもらうことにしたのです。

遅刻をしていないか？　残業をしていないか？

無理していないか？　友だちは増えたか？

僕らは、メールの書き方の微妙な変化から察知します。

これが受け入れ企業に対しての定着支援の一環にもなっています。就労したＦＤＡ卒業生から僕が受け取る一日の入場メールの数は、およそ50通くらいでしょうか。パートナー企業でトレーニング中の利用者にもやってもらっているので、それも含めると80通くらい送られてきます。退場メールも合わせたら２００通弱ですね。

これらのメールは、すべてＦＤＡスタッフ全員が目を通します。そして、行間から読み取れるちょっとした変化や気づきを共有しています。

たとえば、嫌なことがあった日の退場メールは、なぜかすべてカタカナで書いてくる男性の利用者がいます。

本人にとってはささやかなストレス発散なのでしょう。気持ちがわかりやすいので僕としてはヨシとしていますが、いかんせん読みづらいのは否めません（笑）。

僕らはこうして、ＦＤＡ利用者や元利用者と、長い絆や縁をつないでいます。

## 障がい者雇用の4つのポイント

ここからは、ＦＤＡが障がいをもつ利用者に接するときに大事にしているポイントをご紹介したいと思います。

これは、障がい者を受け入れる企業の経営者や上司の方にぜひ知っていただきたいことです。

大きく分けるとポイントは次の４つになります。

1. 一緒に目標をつくる
2. ひとり一役つくる
3. 個々に合わせたコミュニケーション
4. とことん褒める

「普通じゃん!?」とツッコミを入れたくなるかもしれませんが、ひとつひとつにまたコツや深みがあったりします。

まず、ひとくちに「**一緒に目標をつくる**」といっても、そもそも目標ということ自体にピンとこない障がい者は多いんです。

ですから、最初からハードルを高くしないように、まずは達成しやすい目標を立てることをお勧めします。

「週3日、しっかり出勤できるようにする」とか「仕事を休むときは連絡をする」といったことから始めるといいと思います。

とはいえ、障がい者が高い目標を達成できないのかといえば、まったくそんなことはありません。

能力は人それぞれですが、総じていえることは、社会生活に慣れていないということ。受け入れる側が、自分にとっての「あたり前」の枠を一度はずし、相手目線で一緒に目標を考える。そこから少しずつできることを増やしていけば、時間はかかっても、きっと予想以上の力を発揮してくれます。

次に**「ひとり一役つくる」**です。

これは、上司や一緒に働く仲間が、障がいのある人にとってどんな役割として接するかをある程度具体的に決めておく、ということです。

くり返しになりますが、障がいのある人の多くは社会生活に慣れていません。当然、人への頼り方も上手じゃないです。

なので、ＦＤＡではひとりの障がいをもった利用者に対し、4名くらいのトレーナー役が付きます。職員それぞれが役割別に「この部分では僕に頼ってね」「私に話してね」というふうに利用者に対してのサポートを表明します。性格や特技の違うお兄さん役・お姉さん役がいるような感覚です。ＦＤＡを利用すると、いきなり5人兄弟になる感じでしょうか（笑）。

すると、利用者の方も自然と、「あのスタッフは指導してくれる人」「彼女は応援してくれる人」「○○の話をしたいから、あの職員に話してみよう」と、いい意味で相手を選ぶようになります。これが、人間関係でストレスをためこんだり、苦手意識をもつことを防いでくれます。

僕自身はというと、多くの利用者にとって「親代わりのように厳しく鼓舞してくれる人」「崖っぷちの相談にのってくれる人」「自殺を止めてくれる人」と認識されているようです。見事なまでに、僕への相談の大半はそういった話です。

次に大事にしたいのが「**個々に合わせたコミュニケーション**」です。

たとえば、視覚障がい者とのコミュニケーションひとつとっても、その方法は幾通りもあります。

先日、友人とそば屋に入ったのですが、白杖をもった僕が入店した瞬間、お店としては「視覚障がい者キター！」となったのでしょう（笑）。以前から準備してあった点字のメニューを持ってきてくださいました。

それを手渡された僕が、即座に「あ、僕点字読めないので……」と返すと、不思議な沈黙が流れました。

意外と知られていないのですが、視覚障がいは生まれつきの人ばかりではなく、後天的になる方も多いので、点字を読める人は全体の13％くらいです。

一緒にいた友人も、店員さんも、僕も、最後は皆で笑いましたが、『せっかく用意してくださったんだから一拍おいてから返せばよかったな』と、その後ちょっと反省しました。

何がいいたいかというと、同じ視覚障がい者であったとしても、その人に合ったコミュニケーション方法はバラバラだということです。

時計の針にならって方向を示す、いわゆる「クロックポジション」も視覚障がい者とのコミュニケーションとしては一般的ですが、それが通じるかどうかも、その視覚障がい者が〝時計〟という概念を知っているかどうかにかかってきます。

色彩の表現も同じです。色を見たことのない視覚障がい者にとっては、何色という言い方よりも、「かっこいい色」「かわいい色」「イケて見える色」なんて表現の方がうれしかったりします。

ここまで視覚障がいの例をいくつか挙げましたが、障がいが違えば、その対応や工夫のバリエーションはさらに広がります。

僕たちFDAでは、個々の障がい者に合った接し方を模索し、スタッフでその情報を共有し、ひとりひとりと円滑に、かつ気持ちよくコミュニケーションをとれるように心がけています。

最後にご紹介したいコツは、なんといっても「**とことん褒める**」こと！

ただ、これにはポイントがあって、それはとにかく毎日褒めてあげるのがいい人と、ここぞという場面で思いきり褒めるのがいい人と、相手によって頻度を考えるということです。

これまでの人生で自分の強みを活かせるシチュエーションにあまり身を置いたことがなかったり、自分の強みについて考えたこともなかったような人の場合、どんなタイミングで、どこを褒められるかで、今後の人生が大きく変わるといっても過言ではありません。褒めるという行為については、ポジティブにとらえる人がほとんどだと思いますが、間違えると本人を誤った方向に導いてしまうこともあるのです。

FDAでは、褒め方や頻度に気を配ることで、利用者の可能性を引き出しています。それが就職という結果にもつながっていると感じています。

褒められてきた部分を就職先で活かせているという話を聞くと、とてもうれしいです。

## 「面談」はみんなが前に進むために

最後にFDAの面談のスタイルについても簡単にご紹介したいと思います。

というのも、ここまで挙げてきた4つのポイントは、面談の場面でも多用されるからです。

まず、FDAに来てくださる方のはじめての相談のほとんどは僕が対応します。

僕が出張や講演などでどうしても難しい場合は、事務局長や施設長など、責任ある立場のスタッフが対応します。本人やご家族と最初にお話をさせていただくこと、一緒に目標を考えることを大事にしたいからです。

またFDAの拠点は2か所あり、それぞれの施設長・拠点責任者も、利用者とは頻繁に面談を行います。

さらに、面談を専門に行う外部のボランティア要員もいます。FDAにフルタイムで勤務する職員に対しては伝えづらいことも、外部のボランティア面談員にはいえるということも時にはあるので、この仕組みはとても大事だと考えています。

このボランティア面談員は、キャリアコンサルタントの資格をもっていたり、自身も就労困難者だった経験があるメンバーが多いので、いい相談役になってくれています。

そして3か月に1回は必ず、**ご家族を交えたFDAとの三者面談**を行っています。三者面談にはもう1種類あって、それはFDAの**卒業生と、就職先の上司か人事担当者、あるいは経営者と、FDAで行う**ものです。定着支援の一環です。

就職先の企業のみならず、トレーニング中のパートナー企業とも、2〜3か月に1回は行っています。

こういった面談の場では、本人と会社間では話しづらい、互いの要望や注意点などを、FDAが潤滑油となって翻訳し、伝えることを心がけています。

そのときに必ずいうのが、「**誰が悪いとか、評価や採点はやめて、みんなが前に進むための話をしましょう**」ということです。

そのうえで、最初に立てた目標がどれくらい達成できているかという進捗の確認と、必要であれば再設定を行います。こうした取り組みを続けることで、目標を「絵に描いた餅」に終わらせない努力をしています。

目標は、立てるからには常にライブ感を帯びたものであってほしいし、しっかりと生活の軸になってほしいと思っています。

## 秘訣は「めげずに向き合うこと」

自閉症、うつ病、統合失調症、アスペルガー、ADHDといった人たちと一緒に働くうえで、受け入れる企業側に必要な姿勢は、僕自身が障がい者だからこそいえることかもしれませんが、ずばり**「理解できない」という前提で付き合うこと**だと思います。

「ギブアップしよう」という話ではもちろんありません。

お伝えしたいのは「トライ&エラー」をしながら、めげずに向き合っていきましょうということです。実は、これは障がいの有無に関係なくいえることでもあります。

自分以外の人の気持ちや感覚を、人は100%理解することはできませんよね。障がいのある人に対しては特に、それが当然と思って接するのがいいと思います。

ある20代の発達障がいの男性が、ＦＤＡから実習先の企業に出向いたときのこと。

その職場で、突如暴れだしたことがありました。

実習先の社員の方がどう対応していいのか困り果て、僕のところに電話をかけてきました。あきらかにテンパった様子の状況説明がひと通り終わったところで、僕は、

「わかりました。では、座らせて、何でもいいので紙をちぎってもらってください」

とお願いしました。

電話を切ったあと、そのようにしてもらったところ、数分後には彼は落ち着いて、元の様子に戻ったそうです（そう、彼はマイペース型なのです）。

このような対応は、ＦＤＡが利用者の**ご家族とのコミュニケーションを普段から大事に**していたからできたことです。

ＦＤＡのスタッフはご家族へのヒアリングから、たとえば「梅雨には体調を崩しやすい」「睡眠が6時間以下の日は取り乱しやすい」「冬はシーズン通じて不機嫌」など、生活パターンやクセのようなものを把握し、その情報を施設内で共有しています。

また利用者が突然奇声をあげたり、あきらかに落ち着きを失ったりした場合も、それこそ数多くのトライ&エラーから、どうしたら元の仕事に戻れるかのノウハウをもっていま

す。たとえば「ブラインドを下ろす」「音楽を流す」「小さな部屋に通す」など、小さなことですが実にバラエティ豊かです。

正直、最初は大変かもしれません。でも社員の強みを活かした職場にしたいなら、どうかその人と根気よく付き合い、トライ&エラーや、ご家族とのコミュニケーションの中から、彼らとの接し方を極めていってほしいです。

実はこれも障がいの有無に関係なくいえることで、その人の特徴やクセを知り、よりよいコミュニケーションを目指すというのは、なかなか興味の尽きない作業です。

その人の**取り扱い説明書をつくるような気持ちで、**時には笑いも交えてできたら最高です。

付き合えば付き合うほど、その取り扱い説明書は詳細で、役立つものになるでしょう。

北海道の浦河町《うらかわちょう》に〈べてるの家〉という精神障がい者向けの施設がありますが、ここでは「幻覚&妄想大会」と名づけて、利用者が聞いた幻聴を発表してもらい、その面白さや想像性の豊かさ（?）を競うというイベントをやっています。日々の障がい者との触れ合いを、笑いに変えている好例だと思います。

## 「とはいえ」「どうせ」「だって」をいわせないコツ

「とはいえ、俺なんかいなくたって……」
「どうせ、私がそれをやったところで……」
「だって、頑張ってみたけど僕には……」

**「とはいえ」「どうせ」「だって」**。褒められたり、成功した体験が少ない人は、このワードを無意識に使いがちです。そしてこの言葉は、使えば使うほど気分が滅入って、さらにこの言葉を使ってしまうという負のスパイラルを呼びます。できれば使ってほしくない言葉です。

ＦＤＡに通いはじめたばかりの利用者からは、この言葉を聞く場面が多いです。でも、僕は無理にこれらのワードを禁止したり注意したりはしません。

それは、注意するより効果的な方法があるからです。

さきほど「とことん褒める」という話をしましたが、その褒め方を工夫することで、これらネガティブワードの登場頻度を徐々に減らすことができます。

たとえば、利用者が何か新しくできるようになったことに対して「よくできたね」と褒めるだけではなくて、もう一歩踏み込んで褒めること。

そのコツは、褒め言葉の中に「**登場人物を増やす**」ことです。

彼らがどのくらい職場に必要なのか、いてくれてどれだけ助かっているか、ということをダイレクトに伝えるためです。

「あなたが手伝ってくれたから、〇〇さんが本当に助かったっていってたよ。これからも忙しい〇〇さんの助けになってね」

こんな具合です。

誰かに求められている、必要とされていると感じられると、人は変わります。

人生に、自分以外の大事な登場人物が増えていくと、人は変わるのです。

「どうせ俺なんて……」とついいってしまったとしても、そのあとに「……でも、〇〇さんが必要としてくれているなら、もうちょっと頑張ってみよう」とポジティブな気持ちが生まれれば、それこそが成長だと思います。周りがその人の頑張りを見届けて、褒めることを続ければ、必ず見られる変化です。

あなたの職場でも、またご家庭でも、この「とはいえ」「どうせ」「だって」を減らすために褒めるということ、ぜひトライしてみてほしいです。

逆に、「とはいえ」「どうせ」「だって」を安易に使いすぎる人には、僕はドライな対応をします。

先日も、ＦＤＡの実習に来るといっていた若者が、当日になってドタキャンの電話をしてきました。

「休みます。だって、吐きそうだから」

「吐きそう？　ということは、まだ吐いてないんだね。とりあえず来なさい」

結果、彼はちゃんと来ました（笑）。

## 現場がうまくまわりだす、4つのマジックワード

次は、現場がうまくまわりだす4つの魔法のような言葉をご紹介しましょう！

**「ありがとう」「あなたらしく」「なんとかなる」「やってみよう」**です。

これは慶應義塾大学大学院で幸福学などを専門とする前野隆司《たかし》教授が、ご著書『幸せのメカニズム』（講談社現代新書）の中で、人が幸せになるための4つの因子として紹介されています。

僕自身、実際に使ってみて、その言葉の効果を実感していますので、現場の体験に照らしてひもといてみたいと思います。

まずは**「ありがとう」**から。

「いいチーム」は、各々が自分のできること、できないことをよく理解しています。それだけでなく、自分が苦手なことは、チーム内でほかの誰が得意としているかも知っていま

す。

できないことは、恥ずかしいことではまったくありません。

ひとりでなんとかしようとしないで、自分より得意な人にお願いすればいいんです。スポーツでいえば「パスを出す」感覚ですね。それで、誰かがその仕事をしてくれたら、心から「ありがとう！」をいいましょう。それができれば、職場には、お互いの特技を認め合い、助け合う、前向きな空気が生まれていきます。


次が**「あなたらしく」**です。

障がいのある方は、真面目すぎるために、かえってそれが疲れやすさや、不安定さの原因になっている場合も多いです。

そんな方に声をかけるとしたら、その状態をまるごと肯定するような言葉がいいです。

たとえば、もしも仕事中に泣いていたら、「泣いてもいいんだよ」。

ここで大事なことは、本人に「守られている」と感じてもらうことです。

なので、「あなたらしく」という言葉をそのまま使うというより、その場の状況に応じて、その人の「ありのまま」をまず認めて、「守られている」と感じてもらえるような言葉に変換して使っていただければと思います。

障がいのある方は、こんなふうに守ってもらった経験が少ない人たちです。組織やグループの中で、恥ずかしい思いや、つらい思いをたくさんしてきて、ネガティブなイメージが染みついてしまっていることも多いです。

だから、「あなたらしく、ありのままでいいんだよ」と伝えることで、まずは安心して仕事に集中してもらえる状況をつくります。


そして、そのあとに続けたい言葉は「**なんとかなる**」です。

まず「ありのまま」を肯定して、「守られている」と実感してもらったあとで、「なんとかなる」というメッセージを伝えると、仕事に対してより前向きな気持ちになります。

仕事の現場でなければ「あなたらしく」までで構いませんが、職場ならば「なんとかなる」を、ぜひ加えていただきたいと思います。


僕は職場のリーダーが部下に与えるべき経験は、「成功する経験」と「成長する経験」、このふたつだと思っています。

だから「なんとかなる」のあとには、さらに「**やってみよう**」を加えて、彼らを成功ないし、成長の経験に導いてほしいなと思います。

以上、4つの「現場がうまくまわりだす言葉」、どんどん口に出し、あらゆるバックグラウンドをもったメンバーと、たくさんの喜びを分かち合えるチームづくりに役立てていただけたら幸いです。

## 僕のおまじない「いつでも頼ってください」

この本のいちばんのメッセージであり、僕が毎分のように発する言葉は「大丈夫」なのですが、講演やメールの最後には、また別の言葉をよく使います。

それは「いつでも頼ってください」です。

総合支援法によって生まれた就労困難者支援施設は、行政の助成金で運営されています。その構造上、参入障壁が低く、競争原理が働きにくくなっています。

ゆえに、圧倒的なリーダーシップをもって、業界や組織を率いる人が少ないのが、残念ながら現状です。

僕は、そこを変えていきたいのです。

それが、障がい者や就労困難者と、世に数多《あまた》ある職場の距離を縮めることにつながると信じているからです。

「なんでそんなに頑張るの？」「何もそんなに生き急がなくても」

といわれることも多いです（笑）。

たぶん僕は〝**自分が出逢いたかった人**〟**になりたい**んだと思います。

小学校のときに通った眼科、症状の進行が不安でたまらなかった中学、高校時代、留年した大学時代、未来が見えずにもがいていた僕を、たくさんの人がいろんな局面で支えてくれました。

でも、自信をもって「大丈夫」といってくれる人はいませんでした。

今、この瞬間にも、生きていく自信がもてなくて、誰かに話を聞いてほしい、どうしたらいいか一緒に考えてほしいと切実に思っている人がいるかもしれません。かつての僕のように。

僕は、そういう人たちが〝最初に頼れる人〟でありたい。

または〝最後に頼れる人〟でもいいし、〝まだまだ頼ってもいい人〟でもいい。

ありがたいことに、最近はメディアや口コミで僕のことを知り、半信半疑ながらも相談に来てくれる人や、ほかの施設に行ったもののうまくいかなくて、「この人なら」と会いに来てくれる人も増えました。

ゴールデンウィークもお盆もお正月も、たくさんの相談メールをいただきますし、「死にたい」という言葉も連日のように受け取ります。そういった局面でも、僕のことを思い出して頼ってくださるのがうれしいです。

そう、僕がやっている仕事は、常に死が近くにあります。

その責任を忘れたことはありません。

僕の向き合い方によって、誰かが死ぬかもしれないし、誰かが助かるかもしれない。だから、差し迫った相談を受けたときは、できるだけ即時の対応を心がけています。その瞬間こそが大事だからです。

また、死にたいといわれたら、絶対に「なんで?」とは聞きません。ひとりひとり、みんなが毎日戦っているし、抱えている問題は、それが何であれ、その人にとっては重大だからです。

とはいえ、僕から伝えられるのは、「何かあったらまたいつでも連絡しておいでよ」ということくらい。そして最後にやっぱりこういいます。「大丈夫」と。

# 5章

# あらゆる人材が戦力になる

## これからのスタンダード

# ライターと、ストローと、僕が目指す道

突然ですが、ちょっとマッチで火をつける動作をしてみてください。

次に、ライターで火をつけてみましょう。

さて、違いは何でしょう?

そう、「両手を使う」から、「片手だけでOK」に変わりましたね。

諸説ありますが、ライターの誕生はマッチに使いづらさを感じていた障がい者のアイディアが元だという説が僕のお気に入りです。

曲がるストローも同じです。

真っすぐなストローで水を飲みにくそうにしていた病床の友人を見た人が、首が曲がるタイプを発明しました。

靴ベラも、トイレの温水洗浄便座も、電話の子機も、そのままでは使いづらい、不便だと感じた人がいて、そこにまわりの人や企業が歩み寄り、誰かの不便さを解消するために

知恵やお金を出し合って、商品化が実現しました。

これらのものは、今では誰もがあたり前に使っているし、世界中で愛用されて生活の中に溶け込んでいます。

この**「みんなのあたり前」になることを「ユニバーサルデザイン」**といいます。

障がいの有無や文化背景、年齢や性別、人種などにかかわらず、たくさんの人が利用しやすいように製品やサービス、環境をデザインする考え方のことです。

これこそ〝障がい者の働き方〟に関しても、実現したいと考えていることです。

いろんな事情で働きづらさを感じている人たちが、一般的な職場で、健常者と一緒に、分け隔てなく働いている状態をつくりたいのです。

そのためには、この本でも再三くり返してきた、「企業が、人それぞれの得手不得手を理解すること」や「企業が社員にマルチタスクを求めず、得意な仕事を切り出すこと」がとても大事な発想になってきます。

つまり、「人が企業に合わせる」のではなく、**「企業や社会が人に合わせる」**のがあたり前になるような、ユニバーサルデザインが必要だと思っています。

日本はこの方向に向けて、だいぶ進化してきています。

2020年の東京オリンピック・パラリンピックの影響もあるでしょう。活躍する障がい者がメディアで取り上げられることも増え、関心度は大きく上がってきているといえます。

でも、まだまだです。

こういうことを、もっともっと日常的に話したり、関わりをもつ過程に楽しさのようなものを取り込んでいきたいと思っています。

**「正しさ」も大事ですが、人は「楽しさ」についていきたくなる**ものだから。

たとえば、エコバッグやクールビズなど、世の中に定着している環境問題への取り組みには、楽しさやオシャレさがありますよね。

僕自身に何ができるかはまだ手探りですが、今後は「就労困難者支援」への取り組みにも、どんどん「楽しさ」を加えていきたいと妄想をふくらませています。

それができれば、日本でも障がいをもつ上場企業の経営者や、本部長クラスの方が、もっと出てくるでしょう。障がいの有無が出世を左右することもなくなるでしょう。それに伴い、ビジネスチャンスは大きく広がり、業務は拡大するはずです。

同時に、障がいをもつ人が長く組織で働ける仕組みも実現していくと思います。働く本人に合った仕事のスピードで、柔軟な勤務時間で働けることはもちろん、ひとつの失敗で「ワンアウト・チェンジ」とならない社風など、企業の価値観の変換が全国規模で進んでいくでしょう。

**ユニバーサルデザインの拡大。**そのために僕はこれからも走り続けます。

そのためには、僕自身が障がいに縛られず、自由に楽しんで仕事をすること。これが何より大事だと考えています。

## 親にできることは「頭を下げる」「お金を払う」のふたつではない

企業が「変わる」ことはもちろんですが、同じくらい大切なことがあります。

それは、**障がい者のご家族が変わること**です。

障がいを抱える子の親は「謝ること」と「お金を払うこと」が、すごく多いです。健常者の子をもつ親の、軽く10倍はやっているんじゃないかと思います。

たとえば、引きこもりの子がいるお宅から相談を受け、実際にご自宅へうかがうことがあります。お金をいただくつもりは一切ないのですが、帰りがけに「あのお、いくらお支払いすればいいでしょうか?」と必ず尋ねられます。

引きこもりの子を外に連れ出す専門の業者（通称〝引き出し屋さん〟）がメディアで取り上げられることも多いので、そのイメージも手伝っているのかもしれません。

それから、FDAの事業所に親御さんが相談にお越しになられた際、長年の苦労を吐き出されて、それを分かち合えた安堵感からか涙があふれる、そんなシーンで、結構な確率でいわれる言葉が、

「ああ、今日はほんとうに来てよかった。で、いくらお支払いすればいいでしょうか?」

半ば習慣のようになっていて、しょうがないのは承知ですが、直前まで一緒に感動していた僕はガクッときます。

たしかにカウンセリングにお金がかかる施設や専門家もいます。でも、そうでない相談先もありますし、僕はそこではお金はいただきません。就労困難なご本人がトレーニング

に通ってくれて、働き先を見つけ、安定して勤め続ける。その過程をサポートすることにおいて、国から支援を受けています。

お金と引きかえではなく、困っているご家族に「大丈夫」といってあげられる仕組みが、もっともっと全国に広がっていけばいいなと思っています。

そして、今後は親御さんにも、まずは**「お金を払う」という発想を、頑張って減らしていってほしい**です。

それは現金のみならず、菓子折りも含めてです。

お菓子メーカーには申し訳ないですが、お子さんのために使う3000円から5000円くらいのお金を、ぜひともご自身のために使ってほしいです。

その金額で素敵なランチが食べられるはずです。あるいは美容院に行くとか、新しい洋服が買えるかもしれません。それで親御さんのストレスが少しでも解消するなら、そっちの方がきっとご家族のためになります。

もしも自分のためにお金を使うのは気が引けるなら、ぜひお子さんの将来のために貯金してください。

もうひとつ、「頭を下げる」といえば、よく思い出すエピソードがあります。

時はさかのぼり、僕がフリーランスのコンサルタントとして、新宿に事務所を構えていたときのこと。

ある日、島佳代子《しまかよこ》さんという女性と、その息子さんで重い知的障がいをもつ啓伍《けいご》君が事務所を訪ねてきてくれました。

島さんと僕が話している間、事務所内をうろうろしていた啓伍君はトイレが気に入ったのでしょう。少なくとも20回は水を流していました。

島さんは、それはそれは申し訳なさそうに、僕に何度も頭を下げていました。

そして、帰り際に「今日の水道代を払います」と。

僕は『それいったいどうやって計算すんだ』と心の中でツッコんでしまいました（笑）。

でも、障がいをもつお子さんがいるご家族は、正直これが現状だと思います。

親ができるせめてものことは「謝る」「お金を払う」、このふたつ。もしかしたらこのふたつしか、子どもの守り方を知らないのかもしれません。

この出来事は、僕が「障がい者の子をもつ親御さんにできることは、このふたつだけではないことを伝える仕事に命を懸けよう！」と決めるきっかけになりました。

２０１０年11月のことです。

島さんと知り合ったきっかけは、埼玉で行われた講演会で、一緒にパネルディスカッションをしたことでした。

お子さんの啓伍君はとても過敏な子で、幼いころから母である島さんとも手がつなげないという状況。島さんが「街角で手をつないでいる親子を見るとうらやましくて、同時にイヤな気持ちにもなってしまう」と苦悩を打ち明けていたのが印象的でした。

今、島さんはＦＤＡで一緒に働く仲間です。ＦＤＡのトレーニング生がパートナー企業で社外トレーニングを行うとき、その引率をしてくれています。

「息子みたいな子の支援をしたい。子どもを守りたい」と、ＦＤＡでメキメキ職員力と、お母さん力を伸ばし続けている島さん。喜ばしいことですが、僕としては、もっと早くに島さんの苦しみを軽くできたらよかったと思わずにはいられません。

同じようなお母さんたちを救えたらと、ＦＤＡでは家族向けの会社見学会も開催しています。

全国を講演でまわっていると、「もっと早く出逢いたかった」といわれる機会が本当に多いんです。だから、少しでも早く僕らのことを知ってもらうために、積極的にアプローチをしようと思って始めました。今は3か月に1回、実施しています。

見学会の内容は、FDAのパートナー企業で経営者のお話を聞いたり、FDAのトレーニング生の体験談を聞いたり、社外トレーニングを実際に見てもらったり、というものです。民間企業の多様性や可能性を感じてもらえればと思っています。

僕はこのような見学会に参加してもらうこと自体が、親御さんが「謝る」「お金を払う」以外で子どもを守ることにつながると考えています。

まずは**親御さんに〝強みを活かした働き方〟をしている障がい者に出逢ってほしい**。そこから、お子さんの強みを活かす方法を一緒に考えてほしいと思います。

あるいは、FDAに見学に来ていただくだけでも十分です。施設内では常にトレーニング中のメンバーに会っていただけますし、卒業生やスタッフと触れ合うこともできます。

また、僕がいればすぐに面談もさせていただきます。ほぼ視力のない僕が、FDAの事務所でどんなふうに働いているかを見ていただくだけでも、ひょっとしたら少し元気になってもらえるかもしれません。

## 多様性を受け入れれば、会社も社会も成長する

「ユニバーサルデザイン」ともうひとつ、「**ダイバーシティ**」という言葉についても、少しお話しさせてください。

その意味は、国籍、年齢、性別、障がいなど、**さまざまな違いをもつメンバーを積極的に活用しようという考え方**です。最近、日本でもこの視点をもつ経営者がずいぶん増えてきました。

同じような能力や価値観をもった人が集まっている職場は、一見働きやすそうに見えます。でも、そういった人たちの間でも、人は悲しいかなお互いを比べ、格付けをし、劣等感や優越感を抱え、個々も、組織としても、悩み立ち止まるものです。

一方で、たとえば100名くらいの組織があったとします。

そこには世代、性別、障がいや病の症状がさまざまな人が集まっていると想像してください。

すると、この組織には自然と個々の強みを見出し、それを活かそうとする力が働きます。このことが組織全体の生産性を上げることは、さまざまな統計からも、僕がこれまで関わってきた企業の例からも自信をもっていえることです。

何がいいたいかというと、

**「企業の成長は、多様性を受け入れることから始まる」**ということです。

このような考えをもつ企業が、もっともっと、日本中に増えていったらどうなるでしょうか？　そう、日本の社会全体が変わります。

数字的な意味だけではなく、真の意味で成長すると思います。

僕はそう信じていますし、そこを目指したいです。

## 社員が困ったときに守れる会社に

さて、この本も終わりが近づいてきました。

ここで、僕の**〝新しいはじまり〟**にも触れさせてください。

「就労困難者」という言葉を、この本ではたくさん使ってきました。

この時代に働く社会人ならば、無関係な人はひとりもいないと思います。

今、普通に働いているあなたも何かしらの〝働きづらさ〟を感じているかもしれないし、自分自身の、あるいは家族の事情などで、いつ働けなくなるかわかりません。

少し大げさない い方をすれば、これからの社会は**「〝働きづらさ〟がある」という前提で設計されるべき**ではないかと考えています。

「働きやすい／働きにくい」の境目は各社に考え方があっていいと思いますが、働きやすさを考えるときの重要なポイントとして「社員が困ったときに守れる会社」という発想ははずせないと思います。

「ライフワークバランス」といって、公私を切り替え、バランスをとって人間らしい生活を、という考え方が少し前から広がってきました。

その発想をさらに一歩進めて、公私を切り替えるのではなく、両方とも充実させることで相乗効果を目指そうということで、「ライフワークインテグレーション」（インテグレーション＝統合）という言葉も出てきています。

僕は、それらを超越した**「会社が社員をファミリーとして扱い、守る」**という考え方が、新しい時代のスタンダードになり得るのではないかと思っています。

僕が思い描くその世界では、社員がお金を使わずに生活することができます。もちろんお給料は出ますが、それを使う必要は、ほとんどありません。なぜなら社員は同じコミュニティで暮らし、土地も、着るものも、食べるものも、会社が提供するからです。

ひょっとすると、ここで共産主義国や、生活保護的なものをイメージする方がいらっしゃるかもしれませんね。そうではなくて、僕が考えているのは、もっと明るく楽しいもの。そして、もっと未来的なものです。

すでに、若い世代では共同生活をカジュアルに楽しむ「シェアハウス」が一般的な選択肢となっていますし、クルマも自転車も共有する時代。このまま「シェアリングエコノミー」が進めば、僕が提唱するような働き方も、あながち的外れではなくなるでしょう。

時計を逆に進めてみても、もともと日本には互助の精神で支え合う村の生活がたくさん存在しました。ゆるやかな形でその姿に回帰するのも自然な流れかもしれません。

「障がい者だから、障がい者のための場所で働き、暮らさなきゃいけない」とか、「地域にそういう場所が一か所しかないから、そこへ行かなきゃいけない」などと半ば強制されるようなら、それはやや共産主義や生活保護寄りの社会ということになります。

でも、僕が目指したいのは、**いろいろな会社、いろいろなコミュニティがあり、どこに属するかはあくまで個人の自由意思で選択できる社会**です。

会社が、こうして家族のように機能して、障がい者に衣食住と仕事を提供できれば、親御さんは安心です。もしも日本のすべての企業が、こんな働き方を提供し、各社が障がい者を2人雇用したら、就労できない障がい者はほぼゼロになります。

この理想への歩み。

これが僕の〝新しいはじまり〟です。

現在、いくつかのベンチャー企業とエコビレッジのような発想で企画を進めています。実現に向けて、僕が誰よりもワクワクしています。

将来的には、全国の各地域に、このような場所を設けられたらと思っています。

たとえば、メンタルの調子を崩して働き方をスローダウンしたいときにも、そんな場所があったら素敵です。

ただし、僕がこだわりたいのは、**そこに「仕事」がある**こと。単なる〝しばらく休むところ〟では、人は生きる意味を見失ってしまいます。できる範囲の仕事を、少しずつでも続けることが大事です。

仕事こそが、その人の生活をまた好転させたり、社会とつながるきっかけとなり、生きがいになるのです。

## 明日から会社でできること

多発するテロや自然災害、ＡＩ（人工知能）の進化や広がりと、世界はめまぐるしく変化しています。時代が変わっていくなら、僕たちも変わらないといけません。

でも、いざ自分に当てはめると、最初の一歩をどう踏み出せばいいのかわからなくなるものです。実際に、明日から会社で何ができるのか……。

もし、そう思われる方がいらっしゃったら、あらためてこの言葉を思い出していただきたいと思います。

そう、「大丈夫」という3文字です。

**社員が苦しくなったときに、「大丈夫」といってあげられる社長や上司になる。**

最初の一歩はこれで十分です。

不思議なもので、この言葉、口にすれば相手も自分も気持ちがラクになります。

どうか「大丈夫だよ」という言葉を、自分の幸せのためにも使ってください。

僕は、この「大丈夫」という言葉のバトンを全国の経営者に、そして就労困難な人と、そのご家族につなげていきたいという想いをこの本に込めました。

もしもあなたが経営者やリーダーならば、今、僕はあなたにたしかにバトンをつなぎました。

あなたの「大丈夫」の声に、これから多くの人が救われると思います。

そこから生まれる社員とあなたの関係が、僕の眼にははっきりと浮かんでいます。

## 社会に人を当てはめる？ 社会が人に合わせていく！

日本の〝社会〟は、障がい者に親切です。

こんなに点字ブロックが整備されている国はないし、エレベーターやエスカレーターの数も多いです。

お手洗いや改札の「ポーン♪」という音や、横断歩道の音楽にも助けられます。

では、インフラ以外の、**人を含めた〝社会〟はどうでしょうか？**

僕は携帯にイヤフォンをつけ、音声読み上げ機能でメールチェックをしています。

先日、電車内で携帯を手にメールチェックをしていたら、その姿があたかも画面を見ているように映ったのでしょう。白杖を持っていた僕に、通りすがりのおじさんが「インチキ野郎！」といってきました。

また車いすユーザーから聞く話では、忙しい時間帯に駅を利用すると、いつもは親切な駅員さんの中にも面倒そうな対応をする人がいたり、周囲の乗客から「こっちは急いでいるんだけど」という視線を感じるそうです。

もちろん、それは一部の人であって、たいていの方はやさしいです。電車に乗っていれば、「あそこにどうぞ」と席を譲ってくださる方も多いです。

でも、僕には〝あそこ〟が見えないので、席までたどり着けません（笑）。

これは路上でも同じで、僕が道を尋ねると誰もがやさしく「3軒先を右です」などと答えてくれます。が、僕にはその3軒先がわからないんです（笑）。

僕が道を尋ねるときは、背後から自分を追いこす人に声をかけるようにしています。すると、同じ方向だからと一緒に歩いてもらえる可能性も高いし、僕のためにわざわざ遠回りしていただかなくてもすみます。

いずれにせよ、社会のインフラなどハード面をいくら充実させたとしても、人間というソフト面を磨かないことには、宝の持ちぐされになってしまいます。

では、どうすればいいのか？　端的に一言でいえば、「**慣れ**」**しかない**と思います。

慣れないことには、誰でも緊張するし、失敗もします。

街で障がいのある方を見かけたら、ためしに気軽に接してみてください。何をしたらいいかわからなければ、「何かお手伝いしましょうか?」と声をかけてみたらいいと思います。これ、ぜんぜん失礼なことじゃありません。むしろ、いってもらえたらうれしいという障がい者は多いんです。どんなふうに手伝えばいいかは人それぞれですが、何人かと接するうちに、コツもつかめてくると思います。

また、障がいのある方も、行く場所や、働く場所を探して、積極的に外に出てほしいと思います。僕がお手伝いします。

障がい者がどんどん出歩き、働くようになれば、自然とまわりも、その存在に慣れて、どんどん出かけやすく、働きやすくなるでしょう。

「慣れ」といえば、海外に行くと、白杖をもつ僕の周囲のよけ方が、サラリと自然だなという感じがします。日本ではすれ違う直前まで気づかず、急に変なステップでドタバタよけられることが多いです(笑)。

ある小学校で講演したときのこと。はじめて触れ合うだろう視覚障がい者の僕に、最初は小学生たちもおっかなびっくりでしたが、イベントが終わるころには僕に対する誘導や、話し方が、視覚障がい者にわかりやすいやり方にアッという間に進化していました。

びっくりしたのは、数週間後、僕へ送られてきた感想文です。それは紙ではなく、生徒たちが感想を読み上げる声を録音したCDでした。そうしてほしいなんて一言も頼んでいません。きっと自分たちで一生懸命考えたんだと思います。

この小学生たちが僕と接した時間は、わずか2時間弱です。

素直な小学生だからできたともいえますが、僕は大人だって、誰もが同じように変われると思います。

くり返しますが、単に障がい者と接する機会が少ないだけです。

日常的に接して、慣れてくれれば、自然に対応できるようになります。

**これまでの日本は「社会に人を当てはめる」**というやり方でやってきました。

でも、これだけの就労困難者が存在するということは、そろそろそのシステムも、賞味期限切れ。

**これからは「社会が人に合わせる」**番です。

**企業の経営者や、リーダーならば、仕事を切り出すことから。**

**障がいをもつ子の親御さんならば、強みを活かして働く障がい者に触れることから。**

**あなた自身が障がい者や、就労困難者ならば、「つながりたい」「出かけたい」、そんな気持ちになっていれば、そこがスタートです。**


最後までお付き合いいただき、ありがとうございました。

# おわりに

## 「うちの子、結婚できるかな?」

ある休日、澤田智洋《ともひろ》さんという友人一家とランチを囲んでいたときのこと。

奥さんがふと、こういいました。

「うちの子、結婚できるかな?」

僕に向けた言葉ではなく、ひとりごとに近いものでした。

澤田さんのお子さんは当時一歳。生まれつきの視覚障がいで眼が見えません。

障がい者の就職に関しては、いつも自信をもって「大丈夫」と伝えている僕ですが、そのとき、即座にその言葉が出てきませんでした。すぐに、悔しさや恥ずかしさのような気持ちが湧いてきました。

障がい者や就労困難者の就職先が無事に決まっても、僕の仕事はそれで一丁あがりではありません。

その後も、親御さんの心配はエンドレスに続きます。結婚、出産、老後……その子が生きるかぎり続くのです。

それをも一緒に寄り添い、家族の一員のように考えられる人でありたい。

ここ最近、特にそう思うようになりました。

そのためには、**ＦＤＡという組織の理念を、可能なかぎり根づかせる**こと。

未来の利用者、相談者の方々が、今日と同じように頼りにできるＦＤＡにすること。

そうすれば、たとえ僕が死んでも、ＦＤＡの理念は死ぬことはありません。

まだ若いからと自分を甘やかすことなく、僕はこれを急いでやらないといけないです。

僕はスピードを重視しています。

僕が急ぐことによって助かる命があると思っているからです。

これからも命を懸けて仕事をして、いつの日か自分自身に、こういえるようにしたいです。

「大丈夫。世の中は、だいぶ変わったよ」と。
さあ、そろそろペンを置き、普段の仕事に戻りますね。
またお会いしましょう！

# 最後の最後に

普段感謝の気持ちを表す機会がないので、この場をお借りして日頃の感謝を伝えたいと思います。

まず、働く楽しさを教えてくださった、最初に就職した経営コンサルティング会社、ジェイブレインの皆さん。中でも直属の上司であり、両親が全盲であった後藤さんには、僕の人生を大きく変えていただきました。

また、経営者やコンサルタントという仕事の魅力を教えてくれたのは、学生時代の活動で出逢った牧野公彦さんでした。日本のトップコンサルタントであるにもかかわらず、何の経験もない学生だった僕に、組織のマネジメントや企画の重要性など、今の自分の武器になるような経験をいっぱい授けてくださいました。

現在、FDAで自分の体験を活かし、使命を感じながら仕事ができているのは、FDAを創業された渡邉幸義さんや杉岡和彦さんがきっかけをつくってくださったからです。ほとんど実績のない状況でしたが、「世界一明るい視覚障がい者」という僕の生きざまに期待をしてくれて、FDAの組織経営を委ねてくださったことに、改めて感謝を申し上げたいと思います。

２０１１年12月に事務局長に就任してから、これまで一緒に仕事をしてくれたスタッフや、経営を支えてくれた理事の皆さま、陰ながら応援してくださった会員や利用者のご家族、パートナー企業の皆さんにも深く感謝を申し上げます。

そして今回の出版の機会をつくってくださったポプラ社の斉藤尚美さん。今回の出版だけでなく、いつも応援してくださる僕の師匠である村尾隆介さん、そして秘書の原三由紀さんにも心から御礼を申し上げたいと思います。

そして、いつも見守ってくれる両親。九州男児で口下手な父と、まったく弱音をはかない、いつも笑顔の母の下に生まれてとても幸せです。父のリーダーシップと母のバイタリティが今の僕を支えてくれています。両親に愛され、「強み」や「好き」を一緒に探してもらったからこそ、僕自身もスタッフや利用者の「強み」や「好き」を探すことができています。

この本が、もう人生をあきらめようと思っている、自分なんか無理だと音をあげそうになっている方やそのご家族、企業の経営者の皆さんに、一秒でも早く届くことを願っています。

## 参考文献

『働く幸せ　仕事でいちばん大切なこと』（大山泰弘著／WAVE出版）
『学習する組織　システム思考で未来を創造する』（ピーター・M・センゲ著／英治出版）
『幸せのメカニズム　実践・幸福学入門』（前野隆司著／講談社現代新書）

## 成澤俊輔（なりさわ・しゅんすけ）

1985年、佐賀県生まれ。NPO法人Future Dream Achievement（FDA）理事長。

視覚を徐々に失う網膜色素変性症により、視野は小学校でサッカーボール、
中学生でソフトボール、大学生で500円玉ほど、20代前半でほぼ見えなくなる。

2003年、埼玉県立大学保健医療福祉学部入学。2010年、2年間の引きこもり生活を経て、
7年かけて同大学を卒業。在学中よりインターンとして働いていた株式会社ジェイブレインに
新卒社員として入社。しかし過労でうつとなり、4か月で退職。その後、経営コンサルタントとして起業、独立する。

2011年、NPO法人FDAの事務局長に就任。2016年、理事長に就任。

自らにつけたキャッチコピーは“世界一明るい視覚障がい者”。

障がい者雇用や、多様な働き方改革を専門に、全国で講演やコンサルティングをおこなっている。

2016年、月刊DIAMONDハーバード・ビジネス・レビューの「未来をつくるU-40経営者」に選出される。

2017年、第31回人間力大賞経済産業大臣奨励賞・全国知事会会長奨励賞受賞。

# 大丈夫、働けます。

2018年3月 7日　第1刷発行
2019年6月27日　第3刷

著　者　成澤俊輔

発行者　千葉 均

編　集　斉藤尚美

発行所　株式会社 ポプラ社
〒102-8519　東京都千代田区麹町4-2-6　8・9F
TEL:　03-5877-8109（営業）
　　　03-5877-8112（編集）
一般書事業局ホームページ　www.webasta.jp

印刷・製本　大日本印刷株式会社

©Shunsuke Narisawa 2018　Printed in Japan N.D.C.366／230P／19cm　ISBN978-4-591-15838-8

●落丁・乱丁本はお取り替えいたします。小社宛（電話 0120-666-553）にご連絡ください。
受付時間は月～金曜日、9:00～17:00です（祝日・休日は除く）。

読者の皆様からのお便りをお待ちしております。頂いたお便りは一般書事業局から著者にお渡しいたします。

●本書のコピー、スキャン、デジタル化等の無断複製は著作権法上での例外を除き禁じられています。
本書を代行業者等の第三者に依頼してスキャンやデジタル化することは、
たとえ個人や家庭内での利用であっても著作権法上認められておりません。

P8008193